18/2

AF459387

ÉTUDES SUR LES ORIGINES

DU

CONTENTIEUX ADMINISTRATIF

EN FRANCE

PAR R. DARESTE,
Docteur en droit,
Avocat au Conseil d'État et à la Cour de cassation.

I

LES INTENDANTS ET COMMISSAIRES DÉPARTIS.

PARIS
AUGUSTE DURAND, LIBRAIRE, RUE DES GRÈS, 7.

1855

L23f
15

TYPOGRAPHIE HENNUYER, RUE DU BOULEVARD, 7. BATIGNOLLES.
Boulevard extérieur de Paris.

29

ÉTUDES

SUR LES ORIGINES DU CONTENTIEUX ADMINISTRATIF

EN FRANCE.

II.

LE CONSEIL D'ÉTAT.

PARIS

AUGUSTE DURAND, LIBRAIRE-ÉDITEUR,

7, RUE DES GRÈS-SORBONNE.

Lf 23 15

1855

L 23 f 15

TYPOGRAPHIE HENNUYER, RUE DU BOULEVARD, 7. BATIGNOLLES.
Boulevard extérieur de Paris.

ÉTUDES SUR LES ORIGINES

DU

CONTENTIEUX ADMINISTRATIF

EN FRANCE

PAR R. DARESTE,
Docteur en droit,
Avocat au Conseil d'État et à la Cour de cassation.

III

LES ANCIENNES JURIDICTIONS DOMANIALES ET FINANCIÈRES.

PARIS

AUGUSTE DURAND, LIBRAIRE, RUE DES GRÈS, 7.

1856

L23f 15

TYPOGRAPHIE HENNUYER, RUE DU BOULEVARD, 7, BATIGNOLLES.
Boulevard extérieur de Paris.

(Conserver la Couverture

ÉTUDES

SUR LES ORIGINES

DU

CONTENTIEUX ADMINISTRATIF

EN FRANCE

PAR M. R. DARESTE

AVOCAT AU CONSEIL D'ÉTAT ET A LA COUR DE CASSATION.

IV.

LES JURIDICTIONS ADMINISTRATIVES DEPUIS 1789.

PARIS

AUGUSTE DURAND, LIBRAIRE-ÉDITEUR,

7, RUE DES GRÈS-SORBONNE.

—

1857

ERRATUM. — Une erreur de pagination a été commise pour ce quatrième article. Il porte à la première page le folio 83 au lieu de porter le folio 123.

Lf 23 15

Lf 23 15

TYPOGRAPHIE HENNUYER, RUE DU BOULEVARD, 7. BATIGNOLLES.
Boulevard extérieur de Paris.

ÉTUDES SUR LES ORIGINES

DU

CONTENTIEUX ADMINISTRATIF

EN FRANCE

PAR R. DARESTE,
Docteur en droit,
Avocat au Conseil d'État et à la Cour de cassation.

I

LES INTENDANTS ET COMMISSAIRES DÉPARTIS.

BIBLIOTHÈQUE IMPÉRIALE

PARIS
AUGUSTE DURAND, LIBRAIRE, RUE DES GRÈS, 7.

1855

F 25
Lf 15

Extrait de la REVUE HISTORIQUE DE DROIT FRANÇAIS ET ÉTRANGER.

TYPOGRAPHIE HENNUYER, RUE DU BOULEVARD, 7. BATIGNOLLES.
Boulevard extérieur de Paris.

ÉTUDES SUR LES ORIGINES

DU

CONTENTIEUX ADMINISTRATIF EN FRANCE.

Nous nous proposons de rechercher dans une série d'articles ce qu'était le contentieux administratif sous l'ancienne monarchie. A cet effet, nous passerons en revue les attributions des Intendants, des Bureaux des finances, des Élections, des Chambres des comptes, des Cours des aides, et enfin du Conseil d'État. Ces recherches n'ont pas seulement un intérêt d'érudition, elles servent encore à faire comprendre notre droit administratif moderne, dont presque toutes les dispositions s'expliquent et s'éclairent par l'histoire. Comment, par exemple, mesurer exactement la portée du principe de la séparation des pouvoirs proclamé par l'Assemblée constituante de 1789, si l'on n'a pas des notions précises sur l'état de choses antérieur?

De toutes les juridictions que nous venons d'énumérer, celle des intendants était la plus récente, mais en même temps la plus étendue. C'est par elle que nous commencerons, sans nous astreindre à suivre l'ordre chronologique.

I.

LES INTENDANTS ET COMMISSAIRES DÉPARTIS.

A côté des chefs militaires établis dans les diverses provinces de l'ancienne France, d'abord sous les titres de ducs, comtes et marquis, puis sous le nom de gouverneurs pour le roi, on trouve à toutes les époques de notre histoire un certain ordre de fonctionnaires chargés de représenter plus directement l'autorité royale. C'est ainsi que les *missi dominici* allaient, sous le règne de Charlemagne, faire l'inspection générale de l'empire. Sous Philippe-Auguste et saint Louis, les grands baillis, pris dans le sein de la Cour royale, venaient périodiquement y rendre compte de leurs actes, et défendre aux appels interjetés contre leurs jugements. Au seizième siècle, les maîtres des requêtes au Conseil d'État *chevauchaient* dans les ressorts des divers Parlements pour veiller de plus près à l'exécution des ordonnances, redresser les abus sur place, et tenir le roi et son conseil toujours exactement informés.

Un édit du mois d'août 1553[1], enregistré au Parlement de Paris le 7 septembre suivant, contient un règlement pour ces *chevauchées* : au commencement de chaque année, le doyen des maîtres des requêtes et le garde des sceaux feront le département des quartiers des maîtres des requêtes. Il y en aura six par quartier chargés de faire des chevauchées. A cet effet, le royaume est divisé en six régions : 1° le ressort du Parlement de Rouen, 2° celui de Bordeaux, 3° celui de Toulouse, 4° celui de Dijon, 5° celui de Bretagne, 6° ceux de Grenoble et d'Aix avec les provinces de Lyonnais, Forez et Beaujolais. Quant aux villes et provinces du ressort de Paris, elles seront visitées à l'aller et au retour.

Ces magistrats devront partir dès le premier jour de leur quartier et se rendre droit au lieu où siége le Parlement dans le ressort duquel ils doivent faire leurs chevauchées. A leur arrivée, ils rendront compte au Parlement de ce qu'ils auront fait et trouvé dans leur route ; ils assisteront quelque temps aux séances de la Cour. De là, ils iront faire leurs chevauchées dans les autres endroits du ressort, et chaque fois qu'il passeront par la ville où se tient le Parlement, ils l'avertiront *de tout ce qu'ils verront être requis et nécessaire qu'il sache et entende, pour y pourvoir*. Enfin, de retour à Paris, ils rapporteront leurs procès-verbaux au Conseil privé.

A cette époque, une modification considérable venait d'avoir lieu dans l'organisation financière de la France. Le royaume avait été divisé en dix-sept départements ou *généralités*. Dans chacun de ces départements avaient été établis, à poste fixe, un receveur général et un trésorier. Cette nouvelle division du royaume, qui resta jusqu'en 1789 la véritable division administrative, servit désormais de base au département des chevauchées. Merlin cite un rôle arrêté au Conseil le 23 mai 1555 et ainsi intitulé : *C'est le département des chevauchées que MM. les maîtres des requêtes de l'hôtel ont à faire en cette présente année, que nous avons départis par les recettes générales, afin qu'ils puissent plus facilement servir et entendre à la justice et aux finances, ainsi que le roi le veut et entend qu'ils fassent.*

[1] V. l'article de Merlin sur les intendants, dans le *Traité des offices* de Guyot, t. III.

Toutes les grandes ordonnances de réformation rendues sous les successeurs de Henri II enjoignent de nouveau aux maîtres des requêtes de faire exactement leurs chevauchées et d'en rapporter les procès-verbaux au chancelier [1]. On voit par ces ordonnances que les pouvoirs délégués par le roi à ces commissaires étaient fort étendus. Voici en quels termes s'exprime l'ordonnance de 1629.

« Les maîtres des requêtes de notre hôtel visiteront les provinces, suivant le département qui sera fait par chacun an par nos chancelier ou garde des sceaux, et se transporteront tant en nos Cours de parlement qu'ès siéges des bailliages et autres. Recevront toutes les plaintes de nos sujets sur les foules et incommodités qu'ils reçoivent, même en l'administration de la justice, tant pour l'ordinaire qu'en raison des levées et impositions, oppression des faibles par la violence, crédit et autorité des plus grands. Informeront d'office des choses susdites et de tous crimes, abus et malversations commises par nosdits officiers, et autres choses concernant notre service et le bien et soulagement de notre peuple, dont ils rapporteront à nos chancelier ou garde des sceaux les procès-verbaux, informations et autres actes concernant les contraventions à nos ordonnances et autres cas qui mériteront correction et punition, et pour y être pourvu par renvoi en nosdites Cours ou autrement, ainsi qu'ils verront être à faire. Enjoignons à nosdites Cours de pourvoir incessamment sur ce qui leur sera renvoyé, et à nos procureurs généraux en faire les poursuites nécessaires et en donner avis à notredit chancelier ou garde des sceaux. Réformeront aussi nosdits maîtres des requêtes les taxes, salaires et épices excessivement prises par nos juges et officiers subalternes, et feront rendre ce qui sera indûment exigé. Observeront le traitement qui est fait à nos sujets en l'imposition, levée et recette des tailles, exemptions et décharges indues [2]. Se feront à cette fin représenter tous rôles, registres et actes que besoin sera. Et pour réprimer sommairement les abus et contraventions qu'ils trouveront, voulons et

[1] V. l'ordonnance d'Orléans (janvier 1560), art. 33; celle de Moulins (février 1566), art. 7; celle de Blois (mai 1579), art. 209; et la grande ordonnance de 1629, art. 58.

[2] V. l'art. 404 de la même ordonnance, et l'art. 65 de l'édit de janvier 1634 sur les tailles.

ordonnons que leurs jugements et sentences pour ce que dessus soient exécutoires nonobstant oppositions ou appellations quelconques et sans préjudice d'icelles dont la poursuite sera faite aux Cours où ressortissent lesdits siéges, et feront au surplus ce qui appartient à leurs charges, suivant nos édits et ordonnances; leur enjoignons aussi s'enquérir diligemment du bon devoir que font les bénéficiers desdites provinces en l'accomplissement de leurs charges à l'édification de notre peuple, à la gloire de Dieu et décharge de notre conscience. »

Ainsi les attributions des maîtres des requêtes départis croissaient tous les jours en nombre et en importance. Le pouvoir des rois de la maison de Bourbon était d'ailleurs assez fort pour n'avoir plus rien à craindre de ses propres agents. Peu à peu, et par la force des choses, les maîtres des requêtes prolongèrent leur séjour en province et devinrent enfin sédentaires, comme l'étaient déjà devenus avant eux les divers fonctionnaires de l'ordre administratif. Ils s'appelèrent désormais *intendants de justice, police et finances, et commissaires départis dans les généralités du royaume pour l'exécution des ordres du roi*. Cette transformation, le plus grand fait peut-être de notre histoire administrative, fut l'œuvre de Richelieu[1]. Elle passa presque inaperçue des contemporains, parce qu'elle se fit lentement et sans bruit, et parce que le personnel des nouveaux intendants fut soumis à des mutations très-fréquentes, comme par souvenir du temps où ils étaient ambulatoires[2].

Dès l'an 1643 on trouve les intendants en possession de juger en première instance toutes les affaires relatives aux tailles, aides, gabelles et autres impositions. La seule difficulté était de savoir si les appels de leurs sentences seraient portés au Conseil d'État ou aux Cours des aides. Un arrêt du Conseil du 2 sep-

[1] C'est par erreur que dans le *Recueil des anciennes lois françaises*, M. Isambert donne à un édit de mai 1635 le titre d'*édit de création des intendants*. Cet édit, qui fut révoqué en 1637, a pour unique objet la création de nouveaux offices dans les bureaux des finances. Les intendants furent institués non par une mesure générale, mais par des commissions individuelles de dates diverses. Ainsi, M. de Turquant était intendant à Lyon en 1627, et M. Servien à Bordeaux en 1628. On peut voir dans Merlin (p. 123) le protocole de la commission donnée à M. Rigault, intendant de Metz en 1637.

[2] V. les fragments du journal d'Olivier d'Ormesson, cités par M. Chéruel dans son *Essai sur l'administration de Louis XIV*. Paris, 1850, p. 66 et 67.

tembre 1643 trancha le conflit en faveur de ces dernières; mais cette règle ne fut pas observée [1].

Les Parlements avaient résisté de toute leur force à l'établissement de cette nouvelle autorité, rivale de la leur. Plusieurs intendants furent même décrétés de prise de corps; mais ils trouvèrent un appui dans le Conseil d'État. Les arrêts des Parlements furent cassés, et la magistrature dut se soumettre.

Le mécontentement, contenu avec peine, éclata lors des troubles de la Fronde. Ce que demandent avant tout les Cours souveraines réunies dans la Chambre de Saint-Louis, le 30 juin 1648, c'est la suppression des intendants. Leur délibération porte: « Art. 1er. Les intendants de justice et toutes autres commissions extraordinaires non vérifiées ès cours souveraines seront révoqués dès à présent.—Art. 10. Toutes les commissions extraordinaires demeureront révoquées; toutes les ordonnances ou jugements rendus par les intendants de justice seront cassés et annulés; défense aux sujets du roi de les connaître pour juges ni se pourvoir devant eux à peine de dix mille livres d'amende... tous les trésoriers de France et élus feront leurs charges.

Le gouvernement céda. Le 18 juillet 1648, le roi rendit une déclaration ainsi conçue: « Nous avons, dès à présent, révoqué et révoquons toutes les commissions extraordinaires qui pourraient avoir été expédiées pour quelque cause et occasion que ce soit, même les commissions d'intendant de la justice dans les généralités de notre royaume, fors et excepté dans les provinces de Languedoc, Bourgogne, Provence, Lyonnais, Picardie et Champagne, esquelles provinces les intendants qui seront par nous commis ne pourront se mêler de l'imposition et de la levée de nos deniers, ni faire aucune fonction de la juridiction contentieuse, mais pourront seulement èsdites provinces être près des gouverneurs pour les assister en l'exécution de leurs pouvoirs. »

Cette concession, arrachée par la violence, ne pouvait pas être de longue durée. Les intendants furent bientôt rétablis et leurs attributions augmentées. Grâce au concours énergique et dévoué

1 Par exemple, une ordonnance de l'intendant de Limoges avait condamné, en 1645, un trésorier de France à payer la contribution du ban et de l'arrière-ban levée sur les roturiers possesseurs de fiefs. Cette ordonnance fut réformée au fond par un arrêt du Conseil du 2 septembre 1645. V. Fournival, *Recueil des trésoriers de France*, Paris, 1655, in-folio, p. 696.

de ces agents, Louis XIV et Colbert purent imprimer à toutes les branches des services publics une impulsion jusqu'alors inconnue. La puissante organisation administrative que le grand roi légua à ses successeurs a traversé toutes nos révolutions politiques sans subir de modifications bien profondes, et subsiste encore aujourd'hui sous d'autres noms.

Le but de ce travail est d'expliquer en quoi consistait le pouvoir conféré aux anciens intendants, considérés principalement comme juges du contentieux administratif.

Indépendamment des actes législatifs de l'ancienne monarchie [1], nous avons eu sous les yeux deux ouvrages auxquels nous devons une mention toute particulière. Le premier est un long et savant article de Merlin, inséré au troisième volume du *Traité des offices* de Guyot [2]; le second est un *Mémoire* (manuscrit) *concernant MM. les intendants, départis dans les différentes provinces et généralités du royaume* [3]. Ce Mémoire, rédigé en 1738, sur l'ordre du chancelier, par M. d'Aube, maître des requêtes au Conseil d'État et ancien intendant de Soissons, contient sur le sujet qui nous occupe, et en général sur l'administration française au dix-huitième siècle, les renseignements les plus précieux. Nous en donnerons de nombreux extraits.

« Le terrain circonscrit pour chaque intendance, dit M. d'Aube [4], est plus ou moins grand, mais il est aisé de concevoir que son étendue est partout considérable quand on songe que dans le royaume, tout grand qu'il est, il n'y a que trente intendants [5]. Car je ne comprends pas, dans l'idée que je prends ici du royaume de France, les duchés de Lorraine et de Bar, qui

[1] Il n'en existe malheureusement pas de collection complète. Le grand recueil commencé par de Laurière et terminé par M. Pardessus s'arrête à la mort de Louis XII. Le *Recueil des anciennes lois françaises*, publié par M. Isambert, est très-utile, mais bien insuffisant encore pour l'étude de l'ancien droit administratif.

[2] *Traité des droits, fonctions, franchises, etc., annexés en France à chaque dignité, à chaque office et à chaque état*, par Guyot et Merlin. Paris, 1787, in-4.

[3] Bibliothèque impériale, Ms. n° 422, Serrilly; 1 vol in-folio de 640 pages.

[4] Mémoire précité, p. 2.

[5] En 1789, il y avait trente-trois intendances, à savoir : Paris, Amiens, Soissons, Orléans, Bourges, Moulins, Lyon, Riom, Poitiers, la Rochelle, Limoges, Bordeaux, Tours, Auch, Montauban, Languedoc, Dauphiné, Provence, Roussillon, Franche-Comté, Bourgogne, Champagne, Rouen, Caen,

ne doivent y être réunis qu'après la mort du roi de Pologne Stanislas, ni les pays habités par des colonies françaises, et qui sont sous la domination du roi.

« Ces trente hommes, par les commissions que le roi leur fait délivrer, scellées du sceau royal, attributif d'autorité et de juridiction, sont établis intendants de justice, police et finances par ces termes exprès : « Voulons et entendons que vous puissiez pourvoir à tout ce qui regarde le bien de notre service, l'observation de nos ordonnances touchant la justice, police et finances, et le bien et le devoir de nos sujets dans toute l'étendue de ladite généralité. » Ils ont, en général, toute juridiction qui n'est point particulièrement attribuée à quelque autre tribunal, et droit d'inspection et de suite sur tout ce qui se passe dans les bureaux de finances, dans les présidiaux et dans toutes juridictions royales subalternes, pour *connaître,* ainsi que leurs commissions le portent, *de toutes injustices, foules et oppressions que les sujets du roi pourraient souffrir des officiers et ministres de la justice, par corruption, négligence, ignorance, ou autrement, en quelque sorte et manière que ce soit, et de toutes contraventions aux ordonnances de nos rois, et il est enjoint aux substituts des procureurs généraux de leur déclarer les contraventions et abus qui auraient été commis dans l'étendue de leur ressort, même de leur justifier des réquisitions et diligences qu'ils auront faites pour la répression des abus et des contraventions.*

« La *justice* qu'ils peuvent rendre en quelque lieu où ils se trouvent, quant à ce qui est de leur compétence personnelle, ils ont droit de l'aller rendre dans les siéges présidiaux et tous autres siéges royaux où ils entrent et président quand ils le jugent à propos, quelque matière qui s'y agite. Ils ont droit d'assister aux Conseils que tiennent les gouverneurs, commandants et lieutenants-généraux des provinces, et d'y donner leur avis...

« La *police* qu'ils sont chargés de maintenir par eux-mêmes et de faire maintenir par d'autres a pour objet tout ordre et toute subordination à faire garder, tous désordres à arrêter, à punir

Alençon, Bretagne, Metz, Alsace, Flandre et Artois, Hainaut et Cambrésis, Lorraine, Corse. On voit que cette division du royaume n'avait rien de commun avec la division en provinces et gouvernements. C'est sur la carte des intendances que l'Assemblée constituante a tracé, en 1790, la carte des départements.

ou à faire punir, et même à prévenir autant qu'il est possible, enfin, en général, de veiller incessamment pour procurer la subsistance, la sûreté et la santé de tous les peuples de leur ressort...

« Des matières concernant les *finances*, les unes sont sous la juridiction directe et immédiate des intendants, toutes les autres sont soumises à leur inspection. »

Enfin, et en général, « les intendants sont les correspondants nécessaires de tous les ministres du roi, dont chacun est en droit d'exiger d'eux qu'ils soient toujours prêts à répondre promptement et disertement à toutes les questions qu'il voudra leur faire, et qu'ils soient capables d'opérer par eux-mêmes et de procurer tout ce qui peut être important pour le service du roi et le bien de l'État. »

Ainsi l'intendant était le mandataire du roi ; et comme, sous l'ancienne monarchie, le roi réunissait tous les pouvoirs, il est facile de comprendre pourquoi aucune loi générale n'avait réglé la compétence de ses délégués. Lorsqu'un maître des requêtes au Conseil d'État était envoyé en intendance, il recevait une commission scellée du sceau royal [1]. Cette commission était la source de toute son autorité ; les clauses en étaient devenues de style ; mais le roi pouvait à son gré les restreindre ou les étendre, ou même les modifier après coup, par des commissions extraordinaires [2].

Chargé de fonctions immenses dans un territoire très-étendu, l'intendant ne pouvait pas tout faire par lui-même. Il choisissait des subdélégués pour le représenter et agir en son nom dans les différentes villes de la généralité. Un édit de 1704 érigea les fonctions de subdélégué en titre d'office, mais ce système fut complétement abandonné en 1715. Le subdélégué resta simple mandataire, non du gouvernement, mais de l'intendant. Ses fonctions consistaient uniquement à transmettre des ordres et à donner des avis, et, en matière contentieuse, à juger les affaires

[1] Cette commission était adressée directement à l'intendant, et n'était sujette à aucun enregistrement dans les cours de Parlement et autres. On peut voir dans Merlin (p. 487) le protocole de celle qui fut donnée, en 1754, à M. de Blair, pour l'intendance de Hainaut.

[2] Merlin donne plusieurs exemples de ces commissions extraordinaires (p. 132). Ainsi les intendants étaient commis pour prendre possession, au

qui lui étaient renvoyées[1]. Les ordonnances rendues par lui pouvaient être réformées par l'intendant, et ne pouvaient, par cette raison même, être déférées directement au Conseil d'État[2].

L'intendant choisissait encore les secrétaires et commis de l'intendance, ainsi que les greffiers des subdélégations. Dans les affaires contentieuses de son ressort, il pouvait, s'il le jugeait à propos, confier à une personne de son choix les fonctions du ministère public.

Revenons maintenant sur les attributions des intendants, et essayons de déterminer avec précision leur compétence comme juges, et spécialement comme juges du contentieux administratif.

« Dans chaque pays de la domination du roi, dit M. d'Aube[3], l'exercice de la justice ordinaire est confié à des magistrats du pays même, qui jugent les contestations suivant les lois particulières qu'on appelle coutumes, ou suivant les lois générales de l'État, dans les cas qui n'ont pas été prévus lorsqu'on a rédigé ces coutumes, que l'on ne peut regarder que comme les anciennes

nom du roi, des territoires nouvellement réunis à la France, ou pour délimiter les diverses provinces ou généralités, ou pour installer de nouveaux tribunaux, ou pour instruire les affaires pendantes au Conseil, entendre les parties, dresser procès-verbal de leurs dires et prétentions, et donner leur avis sur le tout. Ils étaient encore commis pour juger certains procès, surtout ceux de péculat, de rébellion, de détournement de fonds appartenant au roi. Il était passé en usage de leur déférer les procès relatifs à la faillite des comptables publics. Il est remarquable qu'en Franche-Comté, un édit d'octobre 1771 imposa à l'intendant l'obligation de ne juger en matière contentieuse que conjointement avec le bureau des finances.

[1] L'édit d'avril 1704 porte que les subdélégués « recevront chacun dans leur département les requêtes adressées aux intendants et commissaires départis, qu'ils les leur enverront avec les éclaircissements et instructions et avec leur avis, et que, dans les cas qui le requerront, ils dresseront leurs procès-verbaux, qu'ils enverront aussi avec leur avis. Recevront pareillement tous les ordres qui leur seront adressés par lesdits sieurs intendants et commissaires départis pour choses concernant notre service, les enverront aux maires, échevins, consuls ou syndics des communautés, et tiendront la main à leur exécution, assisteront lesdits sieurs commissaires dans les départements des tailles et autres impositions, et s'instruiront, le plus exactement que faire se pourra, de l'état de chacune des paroisses de leur département et de toutes les affaires qui les concernent, pour en rendre compte. »

[2] V. le règlement du 28 janvier 1738, tit. VIII, art. 3.

[3] Mémoire précité, p. 17.

conventions expresses ou tacites, relativement auxquelles les peuples se sont soumis à leurs premiers souverains et auxquelles nos rois, avec grande justice et raison, n'apportent ni changement ni modification sans avoir préalablement écouté les députés du clergé, de la noblesse et du tiers état.

« De ces magistrats les uns sont subalternes, les autres sont supérieurs, et aux tribunaux de ceux-ci sont subordonnées diverses juridictions subalternes.

« Les juges supérieurs, qui sont distribués en différents tribunaux entre lesquels les diverses compétences sont partagées, ont droit et autorité de réformer les jugements de leurs subalternes et de corriger et punir tous les abus qu'ils ont commis ou soufferts. Leur autorité sur ce qui regarde les abus s'étend jusque sur ceux des juges ecclésiastiques, auxquels nos rois, ayant bien voulu accorder droit de juridiction et de coercition, uniquement dépendant quant au fond des matières contentieuses des supérieurs ecclésiastiques, n'ont pas accordé toute indépendance des tribunaux supérieurs séculiers, qui ont toujours droit d'annuler ce que les tribunaux ecclésiastiques font d'abusif. Mais nos rois, dont l'intention a toujours été que tout ce qui devrait être réformé le fût, que tout ce qui serait punissable fût puni, ont établi les intendants en leur donnant un droit général d'inspection en vertu duquel, s'il échappe à la vigilance des tribunaux supérieurs quelque chose d'abusif ou de punissable, ils peuvent et doivent le constater et en rendre compte, par le canal des ministres, au roi, qui fait justice lui-même ou donne pour la faire rendre tels ordres qu'il lui plaît.

« Les jugements de tous ces juges supérieurs, auxquels nos rois ont bien voulu, pour le plus grand bien de leurs sujets, accorder une espèce de souveraineté de juridiction, en tant qu'ils ne décideraient rien de contraire au texte formel des coutumes ou aux lois générales du royaume, peuvent, s'ils y sont contraires, être cassés par le Conseil du roi, et quand le roi n'y a pas présidé en personne, les décisions du Conseil, en cas de pareilles contraventions, peuvent être aussi cassées ou réformées par le roi lui-même, qui, au reste, comme souverain et suprême juge universel dans son royaume, se réserve d'évoquer à lui-même toute contestation et de commettre qui il lui plaît pour la juger. Voilà ce qui concerne l'administration de ce que nous appelons la justice ordinaire à laquelle tous les sujets du roi sans exception sont soumis, sauf des priviléges que nos rois ont accordés à certaines personnes, mais qui n'ont point d'autre effet que de transporter les affaires d'un tribunal dans un autre.

« Les militaires, comme tous autres, sont assujettis à ces tribunaux de justice ordinaire, mais ils doivent reconnaître encore d'autres juges, qui sont, quant au service militaire et à tout ce qui peut y avoir rapport, les commandants et le conseil de guerre. Quant à la façon de vivre, désordres et abus des troupes étant en marche ou en garnison, les intendants ont droit d'informer de tout cela, de faire réparer tous désordres, même par retenue sur la paye des corps, et de faire et parfaire le procès à tous gens de guerre coupables de crimes, jusqu'à jugement définitif inclusivement et en dernier ressort.

« Toutes matières pour lesquelles nos rois n'ont point établi de juges, ils sont censés en avoir réservé la connaissance à eux et à leur Conseil, et c'est par cette raison qu'il a été sagement établi que dans chaque province ou généralité l'intendant membre du Conseil du roi en connût, mais bien entendu que s'il jugeait mal sur ces matières ou ordonnait mal à propos, tout ce qui serait réparable pût être réparé par les ordres du roi même, sur le compte que ses ministres, chacun selon son département, lui en rendraient. »

Voilà l'origine de la juridiction des intendants. Voici maintenant la part qui leur est faite dans l'administration de la justice ordinaire.

« L'intendant doit et a autorité d'informer des abus qui se commettent dans l'administration de la justice, soit, en matières civiles, par la longueur et la multiplicité des procédures inutiles, concussions dans l'excès des taxes, droits, salaires, vacations, épices et frais extraordinaires, qui n'entrent point en taxe et que l'on appelle faux frais, qui tombent en pure perte aux parties, de la forme de procéder dans les siéges, conforme ou contraire aux bonnes maximes et aux règlements reçus et approuvés de tout temps; soit en matières de police, soit en matières criminelles, et à cet égard d'informer particulièrement de tous les crimes qui sont demeurés impunis, des raisons et fauteurs de l'impunité, d'exciter même et de provoquer sur ce sujet les plaintes de ceux qui, par quelque considération que ce soit, n'ont osé ou n'ont pu se plaindre ; d'informer d'office et de décréter contre ceux contre lesquels les juges ordinaires des lieux ne procéderont pas selon le dû de leurs charges, et d'envoyer ses informations et décrets au Conseil du roi (c'est-à-dire à M. le chancelier), pour y être pourvu par renvoi, ainsi qu'il plaira à S. M. L'intendant doit aussi se faire représenter par les prévôts des maréchaux et leurs lieutenants le détail et les procès-verbaux de leurs chevauchées ; faire faire en sa présence la revue de leurs troupes pour connaître si elles sont équipées et armées comme elles le doivent être, et informer des concussions et exactions qu'ils pourront commettre en abusant du pouvoir de leurs charges, de leur négligence à se transporter aux lieux où ils auront été mandés, et de leur connivence ou indulgence capable de produire l'impunité des crimes. »

Nous arrivons maintenant à ce qui fait plus particulièrement l'objet de ce travail, c'est-à-dire à la juridiction des intendants dans les matières du contentieux administratif. Nous diviserons ce que nous avons à dire sur ce sujet suivant l'ordre des divers services publics : finances, guerre, travaux publics, tutelle des communes et établissements publics, agriculture, commerce et industrie.

I. — Matières de finances.

Tailles[1]. — Avant l'institution des intendants, tout ce qui concerne les tailles appartenait aux élus dans les pays d'élection. Dans les pays d'états, la partie purement administrative de ce service appartenait en général aux états, la partie contentieuse aux juges ordinaires.

Le régime des pays d'états subsista sans changement[2] ; mais celui des pays d'élection fut considérablement modifié. Au seizième siècle, le département de la taille entre les diverses élections de chaque généralité et entre les diverses communautés de chaque élection avait été enlevé aux élus et attribué aux trésoriers de France. Au dix-septième, il fut donné aux intendants, qui

[1] V. Merlin, p. 374, et les *Mémoires* de Moreau de Beaumont *sur les impositions*, 5 vol. in-4.

[2] On se plaignait toutefois des entreprises des intendants. Ainsi, en 1664, le parlement de Dijon protesta contre une ordonnance de l'intendant, M. Bouchu, qui faisait défense de se pourvoir ailleurs que devant lui pour toutes les difficultés qui tiendraient à l'assiette des tailles. A. Thomas, *Une Province sous Louis XIV*, Paris, 1844, p. 416. V. encore Merlin, p. 391.

restèrent seulement astreints à prendre l'avis des élus, des receveurs, des subdélégués et des trésoriers de France.

Quant au département entre les divers taillables de chaque communauté, il était fait par les collecteurs ; mais les règlements donnèrent aux intendants le droit de taxer d'office les taillables que les collecteurs auraient omis d'imposer, et d'augmenter l'imposition de ceux que les collecteurs auraient traité trop favorablement. Certains taillables eurent même le privilége de ne pouvoir être taxés que d'office.

Les élus se trouvèrent donc à peu près réduits au contentieux. Ils ne le conservèrent même pas entièrement. Ainsi toutes oppositions aux taxes d'office durent être portées devant les intendants, sauf appel au Conseil, et depuis 1759 aux Cours des aides [1].

Dans les provinces nouvellement conquises, l'établissement des élections parut en général inutile, et toute l'administration des tailles y fut remise aux intendants, qui statuèrent au contentieux sur toutes les affaires, sauf appel au Conseil. Ce régime exceptionnel fut établi notamment dans les provinces des trois Évêchés, d'Alsace, de Roussillon et de Hainaut [2].

Capitation. — On sait que la capitation fut établie par Louis XIV en 1695, pour subvenir aux frais de la guerre. Un instant supprimée à la paix de Ryswick en 1698, elle fut bientôt définitivement rétablie en 1701, au commencement de la guerre de la succession d'Espagne. La déclaration royale du 18 janvier 1695 attribue aux intendants tout le contentieux en cette matière [3], et cette attribution fut expressément renouvelée, sauf

[1] V. le mémoire de M. d'Aube, p. 72, et les édits du 16 avril 1643 et d'août 1715. Une déclaration du 20 mai 1759 porte que les appels seront portés des intendants aux Cours des aides. La compétence en première instance fut enlevée aux intendants, et attribuée aux élus par déclaration du 13 avril 1761, mais elle ne tarda pas à être rendue aux intendants. V. la déclaration du 23 avril 1778. — V. encore les arrêts du Conseil du 16 août 1761 et 24 février 1756, sur les exemptions de taxes accordées à raison des terres nouvellement défrichées, ou cultivées en garance.

[2] V. Merlin, p. 388, et les *Mémoires* de Moreau de Beaumont.

[3] Déclaration du 18 janvier 1695 : « .... Et d'autant qu'il importe au bien de notre service et au repos de nos sujets de prévenir tout ce qui pourrait retarder le recouvrement de ladite capitation, ou causer des frais aux redevables, voulons et ordonnons que toutes les contestations qui pourraient survenir pour le fait de l'imposition et recouvrement soient jugées sommairement et sans frais par lesdits intendants et commissaires dépar-

quelques exceptions de peu d'importance, par l'article 27 de la déclaration du 12 mars 1701[1]. Jusqu'à cinquante livres, les intendants jugeaient en dernier ressort; au-dessus de cette somme, leurs ordonnances pouvaient être déférées au Conseil d'État, mais elles étaient exécutoires par provision.

Dixième, vingtième. — Etabli en 1710 pour faire face aux dépenses de la guerre, l'impôt du dixième sur le revenu fut supprimé en 1716, remplacé par un impôt du cinquantième le 5 avril 1725, puis rétabli pendant la guerre de la succession de Pologne (17 novembre 1733-1er janvier 1737), et pendant la guerre de la succession d'Autriche (29 août 1741-mai 1749). L'édit de mai 1749, qui supprima le dixième, le remplaça par un vingtième, dont la perception commença le 1er janvier 1750. Les besoins de la guerre de Sept ans amenèrent bientôt l'imposition d'un second et d'un troisième vingtième.

D'après la déclaration royale du 14 octobre 1710, les rôles du dixième devaient être arrêtés au Conseil sur les déclarations recueillies par les intendants. Les oppositions aux rôles devaient être portées à une Commission prise dans le sein du Conseil[2]; mais un arrêt du 20 décembre 1710 permit de former ces oppositions par-devant les intendants, qui enverraient les pièces à la Commission, avec leur avis motivé.

Il était plus simple encore d'attribuer aux intendants la confection des rôles et le droit de statuer sur le contentieux en première instance, sauf appel au Conseil. C'est ce que firent les édits subséquents[3].

Impôts indirects. — « Les droits anciennement établis, dit

tis, et à l'égard de notre bonne ville de Paris, par le prévôt des marchands et les échevins, auxquels nous en attribuons à cet effet toute cour, juridiction et connaissance, et icelle interdisons à toutes nos autres cours et juges. Voulons que ce qui sera par eux ordonné soit exécuté par provision, sauf l'appel en notre Conseil. »

[1] Déclaration du 12 mars 1701, art. 27 : « .... Donnons pouvoir et autorité auxdits intendants et aux officiers subalternes qui auront dressé lesdits états de répartition, de juger par jugement dernier jusqu'à la concurrence de cinquante livres, et à l'égard des taxes qui excéderont ladite somme, voulons que ce qui sera par eux ordonné soit exécuté par provision, sauf appel en notre Conseil. »

[2] V. arrêt du Conseil du 5 novembre 1710.

[3] V., par exemple, les arrêts du Conseil du 4 novembre 1777, art. 6, et du 26 avril 1778, art. 5.

M. d'Aube[1], dont le roi donne le recouvrement à faire à ses fermiers, sont constatés par des lois dont l'exécution, aussi bien que celle de divers règlements postérieurs, est de la compétence de diverses espèces de tribunaux qui sont ceux des élections, des juges des traites, des greniers à sel, et qui ressortissent aux tribunaux supérieurs des Cours des aides, réunis à quelques-uns des Parlements et des Chambres des comptes du royaume. Mais les droits dont l'origine est moins ancienne, tels que ceux des courtiers jaugeurs, des inspecteurs aux boissons et aux boucheries, du contrôle, des insinuations et centième denier, des amortissements, sont soumis à la juridiction des intendants. »

Reprenons cette énumération en la complétant, pour les droits d'aides d'abord, et ensuite pour les droits domaniaux.

Les offices de courtiers et de jaugeurs pour le commerce des boissons avaient été créés en 1691 et 1696 ; ceux d'inspecteurs aux boucheries et aux boissons en 1704 et 1705. Leurs émoluments consistaient, pour les premiers, en un droit sur la vente et l'enlèvement des boissons ; pour les seconds, en un droit d'entrée sur les boissons, le bétail et la viande de boucherie.

Ces divers offices furent bientôt supprimés, mais les droits continuèrent d'être perçus au profit du roi. Supprimés eux-mêmes en 1720, ils furent rétablis définitivement par arrêt du Conseil du 24 mars 1722[2].

La compétence en cette matière appartenait au lieutenant de police à Paris, et en province aux intendants, sauf appel au Conseil. Toutefois elle fut rendue, en ce qui concerne les droits d'inspecteurs aux boucheries, à la Cour des aides de Paris seulement, et aux élections de son ressort (1780). Une déclaration du 1er septembre 1781 rendit généralement aux élections et Cours des aides la connaissance des contestations sur les droits d'inspecteurs aux boissons.

[1] Mémoire précité, p. 571.

[2] Arrêt du Conseil du 24 mars 1722 : « .. Ordonne S. M. que les contestations qui pourront survenir sur la perception desdits droits seront décidées, savoir, celles qui concernent les droits sur les quais, ports, halles et marchés de la ville de Paris, par le sieur lieutenant général de police et par le sieur prévôt des marchands, chacun en ce qui le concerne, et pour celles qui peuvent concerner les autres droits mentionnés audit arrêt par les sieurs intendants et commissaires départis dans les provinces et généralités du royaume, sauf l'appel au Conseil. »

Ces perceptions n'étaient pas les seules dont le contentieux appartînt aux intendants. On peut encore citer, par exemple :

Le droit de détail sur les gens du commun, à raison du *trop bu* ou trop manquant sur leurs inventaires [1].

Le droit sur les cartes et tarots.—Ce droit, qui remontait au seizième siècle, avait d'abord appartenu aux élections et aux Cours des aides. L'édit d'octobre 1701, qui le rétablit, attribua provisoirement la compétence au lieutenant de police à Paris, et en province aux intendants [2]. Cette attribution fut constamment prorogée et devint définitive, malgré les réclamations de la Cour des aides.

Le don gratuit.—Ce droit avait été imposé en 1758 sur les villes et communautés, qui devaient l'acquitter au moyen d'un octroi. L'impôt changea de forme et prit le nom de *droits réservés* en 1768. Le contentieux appartint d'abord aux intendants [3], mais il fut rendu plus tard aux élections et aux Cours des aides [4].

Les droits d'octroi appartenant au roi, dont l'établissement général remonte à 1724. La compétence fut ensuite rendue aux élections et juges des traites (28 juin 1760). Quant aux octrois communaux, la connaissance en appartenait aux juges ordinaires, sauf quelques exceptions [5].

Le droit sur les papiers et cartons et sur les amidons, dont l'établissement général et définitif est de l'année 1771. Le contentieux fut attribué au lieutenant de police à Paris, et en province aux intendants, sauf appel au Conseil.

Le sou pour livre.—Les contestations relatives au sou pour livre sur les droits perçus au profit du roi appartenaient aux juges de ces droits ; mais quand il s'agissait de droits perçus au profit

[1] Arrêts du Conseil des 13 février 1731 et 16 août 1774.

[2] Édit d'octobre 1701 : « ... Voulons que les contraventions qui pourront arriver tant à la fabrication qu'au débit desdits cartes, et droits établis par le présent édit, soient instruites et jugées sommairement, savoir, dans notre bonne ville de Paris par le lieutenant général de police, et dans les autres villes, pendant deux années seulement, par les sieurs intendants et commissaires départis dans nos provinces et leurs subdélégués, après lequel temps la connaissance en appartiendra aux lieutenants généraux et autres officiers de police. » V. encore les arrêts des 30 octobre 1710, 15 octobre 1757 et 21 avril 1770. Ce dernier est rapporté par Merlin, p. 360.

[3] Arrêt du 24 mars 1775.

[4] Lettres patentes du 9 mars 1777.

[5] V. Merlin, p. 400.

d'autres que le roi (états, provinces, villes, communautés, offices, hôpitaux), la compétence appartenait aux intendants [1].

Il paraît inutile d'entrer dans un plus grand détail au sujet des droits d'aides. Ces droits étaient si nombreux et si variés que le continuateur du *Traité des impositions* de Moreau de Beaumont ne se flattait pas de les connaître tous. Les exemples que nous avons pris suffisent pour donner une idée de la compétence des intendants en cette matière [2].

Leur compétence n'était pas moins étendue en ce qui concerne le contentieux des droits domaniaux.

Les droits *d'amortissement* et *de nouvel acquêt* [3] représentaient, sous l'ancienne monarchie, ce qu'on appelle aujourd'hui la taxe des biens de mainmorte.

Les droits de *franc-fief* étaient un impôt sur les roturiers possesseurs de fiefs.

Ces divers droits, dont l'origine était très-ancienne, ne furent d'abord perçus qu'à des époques indéterminées. Des commissaires, pris en général dans le sein du Conseil d'État, étaient chargés d'asseoir la taxe et de juger les contestations. Une déclaration du 9 mars 1700 mit tous ces droits en ferme, et attribua le jugement des oppositions aux intendants, sauf appel au Conseil [4]. Cette compétence fut confirmée par divers arrêts, et

[1] Arrêt du Conseil du 17 septembre 1780.

[2] Les droits variaient suivant les provinces, et avec eux les compétences. Ainsi, par exemple, les contraventions aux règlements sur le monopole des tabacs appartenaient aux élections et aux Cours des aides; mais en Franche-Comté, où la vente du tabac était libre, et seulement soumise à des mesures de police, la connaissance des contraventions appartenait à l'intendant. (V. Arrêt du Conseil du 11 décembre 1736.) En vertu d'exceptions analogues, les intendants de Flandre et de Hainaut connaissaient des droits sur les cuirs, et l'intendant de Metz des droits sur le sel. V. Merlin, p. 362.

[3] V. les arrêts du Conseil des 4 août 1780 et 28 septembre 1786, sur la ferme des droits domaniaux.

[4] Déclaration du 9 mars 1700, art. 23 : « Voulons que lesdits droits d'amortissement, nouvel acquêt et de franc-fief soient payés par les gens de mainmorte et par les roturiers possédant fiefs, en vertu des contraintes dudit Chapelet, sur ses simples quittances, visées par l'un des contrôleurs généraux de nos domaines, lequel sera tenu d'en tenir registre, et que les redevables puissent se pourvoir par opposition à l'exécution desdites contraintes dans les six mois du jour de leur signification, sans être tenus de consigner, que lesdites oppositions soient instruites sommairement par-devant lesdits intendants et commissaires départis, et que ce qui sera par

notamment, pour les droits d'amortissement, par un arrêt du Conseil du 4 novembre 1710.

Droits de contrôle, petit scel, insinuation et centième denier. — L'ensemble de ces droits représente à peu près ce que nous appelons aujourd'hui *droits d'enregistrement*. Créés, pour la plupart, au seizième siècle, ils reçurent, comme tous les impôts indirects, une grande extension sous le règne de Louis XIV. La connaissance des contestations fut encore attribuée aux intendants, sauf appel au Conseil. Cette attribution eut lieu pour les droits de contrôle, par arrêt du Conseil du 20 avril 1694, pour ceux de petit scel, par arrêt du 2 avril 1697, et fut confirmée par arrêt du 11 septembre 1703. Un édit de février 1704 la donna aux bureaux des finances ; mais une déclaration du 14 septembre 1706 rendit aux intendants la connaissance de toutes les contestations relatives au contrôle des actes, et aux droits de petit scel et d'insinuation. Cette compétence fut maintenue par toutes les dispositions subséquentes. On peut citer notamment la déclaration du 15 juillet 1710 [1], et spécialement, pour le droit de contrôle, l'arrêt du Conseil du 4 août 1780; pour le droit d'insinuation et de centième denier, l'arrêt du Conseil du 9 juin 1782. Cette attribution entraînait, pour les intendants, le droit de connaître des contraventions commises par les notaires aux règlements de leur profession, en ce qui concernait les droits du roi [2].

eux ordonné soit exécuté nonobstant et sans préjudice de l'appel en notre Conseil. »

[1] Déclaration du 15 juillet 1710 : « ... Comme nous sommes informé que le bon ordre qui a jusqu'à présent régné dans la régie et perception de ces droits est provenu principalement de l'attribution que nous avons faite par notre déclaration du 14 septembre 1706 aux sieurs intendants et commissaires départis dans nos provinces et généralités, de la connaissance de toutes les contestations qui concernaient cette ferme, circonstances et dépendances, et de l'attention particulière que lesdits sieurs commissaires départis y ont donnée... Voulons que toutes les contestations concernant la régie et perception des droits de contrôle des actes des notaires, de ceux sous signatures privées, petits sceaux et insinuations, circonstances et dépendances, continuent d'être portées par-devant les sieurs intendants et commissaires départis pour l'exécution de nos ordres dans nos provinces et généralités, pour par eux en connaître sommairement et sans frais, par eux-mêmes dans les villes de leur résidence, et par leurs subdélégués dans le surplus de leurs départements. »

[2] V. Merlin, p. 411, et les arrêts qu'il cite.

La déclaration de 1706 ne s'expliquait pas sur le contrôle des exploits d'huissier. La compétence en cette matière fut laissée aux bureaux des finances, et en quelques endroits aux tribunaux; mais elle fut rendue aux intendants par les arrêts du Conseil des 4 août 1780 et 28 septembre 1786, qui établirent l'administration générale des domaines et droits domaniaux.

Droits de greffe et droits réservés. — Une part des droits de greffe, outre la part attribuée aux greffiers en titre d'office ou aux engagistes, revenait au roi. Le contentieux, en cette matière, appartenait aux intendants, sauf appel au Conseil [1].

Plusieurs offices, auxquels étaient attachés des droits assez importants, avaient été créés ou rétablis sous le règne de Louis XIV, par mesure fiscale. Tels étaient les offices de tiers référendaires taxateurs et calculateurs de dépens, de contrôleurs des déclarations de dépens, gardes et dépositaires des archives, de commissaires conservateurs des décrets volontaires, et de contrôleurs de ces derniers, de receveurs et contrôleurs des épices, vacations et sabatines, de rapporteurs et vérificateurs des défauts, de receveurs et contrôleurs des amendes. Un édit du 22 août 1716 supprima ces divers offices, mais ordonna que les droits continueraient d'être perçus au profit du roi [2]. Le contentieux appartenait, comme pour les droits de greffe, aux intendants, sauf appel au Conseil [3].

En ce qui touche le domaine proprement dit, la compétence appartenait aux bureaux des finances ou aux juridictions des eaux et forêts. Toutefois, les intendants avaient reçu diverses attributions qui n'étaient pas sans importance. « L'autorité de l'intendant, dit M. d'Aube [4], consiste à enjoindre à tous ceux qui jouissent des droits domaniaux de lui rapporter leurs titres; à décerner ses ordonnances, portant injonction à tous détenteurs de terres, droits et revenus des domaines du roi, de lui repré-

[1] Lettres patentes du 25 juillet 1580, édit de décembre 1699; arrêts du Conseil des 8 août 1721, 4 août 1780 et 28 septembre 1786. V. Merlin, p. 344.

[2] V. encore les déclarations des 15 mai 1722 et 3 août 1732.

[3] Les intendants connaissaient encore du recouvrement des amendes et de l'émolument du sceau des chancelleries. (V. édit de juin 1715; déclaration du 20 mars 1717; arrêt du Conseil du 29 août 1769.)

[4] Mémoire précité, p. 490, 491.

senter, dans le temps qu'il voudra prescrire, les contrats d'achat, d'échange, d'engagement ou autres titres, en vertu desquels ils prétendent jouir desdits domaines, même à procéder par saisie, à faute par eux de satisfaire à ses ordonnances ; à s'enquérir de la valeur et revenu d'iceux biens et droits, et des sommes et charges pour lesquels ils ont été aliénés ; à dresser ses procès-verbaux sur la représentation des titres, pour, iceux rapportés au Conseil du roi, être par S. M. ordonné ce que de raison; à prendre conseil des abus qui peuvent avoir été commis ès ventes et adjudications de terres vaines et vagues ou prétendues telles ; à se faire représenter les contrats d'adjudication et à faire les mêmes recherches pour ce regard que pour le reste du domaine du roi... Le roi autorise également l'intendant à procéder à la réformation des eaux et forêts de toute l'étendue de son ressort, et même aussi bien de celles qui appartiennent aux églises et communautés que de celles qui appartiennent à S. M. »

Les pouvoirs ainsi remis aux intendants étaient plutôt administratifs que judiciaires [1]. Ils avaient trait plutôt à l'instruction qu'à la décision des affaires, ordinairement réservée au Conseil d'État. Il y avait cependant des matières où les intendants statuaient comme juges. C'est ainsi qu'ils connaissaient des contestations relatives, soit au droit de mutation par échange établi depuis 1645 sur les domaines relevant du roi ou des seigneurs, et perçus au profit du roi [2], soit au martelage des bois propres à la marine [3], soit encore aux anciennes impositions devenues domaniales dans certaines provinces, par exemple en Flandre, en Artois, en Hainaut, en Normandie, en Alsace [4].

Enfin lorsque, par mesure politique, certains biens étaient séquestrés et mis sous la main du roi, la connaissance de toutes contestations à naître était ordinairement réservée au Conseil d'Etat, sur l'avis des intendants, ou même aux intendants en première instance, sauf appel au Conseil [5].

[1] On peut voir dans Merlin (p. 328) quelques attributions exceptionnelles et accidentelles conférées aux intendants en matière domaniale. La compétence des bureaux des finances avait été expressément maintenue contre les entreprises des intendants par deux arrêts du Conseil des 9 juillet 1701 et 20 mars 1718, rendus en faveur des bureaux de Lille et d'Alençon.

[2] V. l'arrêt du Conseil du 13 octobre 1739 et celui du 4 août 1780, déjà cité.

[3] Arrêts du Conseil des 21 septembre 1700 et 16 décembre 1786.

[4] V. Merlin, p. 337.

[5] V. un arrêt du Conseil du 22 janvier 1724, qui attribue aux intendants

La compétence en matière de douanes appartenait à des tribunaux spéciaux connus sous le nom de *juges des traites*. Cette règle n'était pourtant pas sans exception. Un arrêt du 3 février 1669 confiait aux intendants la connaissance des contraventions et contestations en matière de douanes dans les pays nouvellement réunis par les traités des Pyrénées et d'Aix-la-Chapelle (Flandre, Hainaut, Roussillon) [1].

La connaissance du fait de contrebande par mer appartenait aux intendants, conjointement avec les officiers des amirautés [2]. Ils connaissaient aussi des contraventions au règlement de 1701 concernant le commerce avec l'Angleterre et la prohibition de certaines marchandises [3].

La loterie royale de France fut créée par arrêt du Conseil du 30 juin 1776. Toutes les contestations relatives au tirage des billets appartinrent aux intendants en province et au lieutenant de police à Paris, sauf appel au Conseil (art. 14). Un arrêt du Conseil, du 21 décembre de la même année, prohiba le colportage des billets de loterie et attribua aux mêmes autorités la répression des contraventions.

d'Alsace et de Franche-Comté la connaissance des contestations relatives au séquestre de la principauté de Montbéliard. V. aussi, plus loin, les attributions des intendants en ce qui concerne les biens des religionnaires fugitifs.

[1] Arrêt du Conseil du 3 février 1669 : « . . . Et s'il y a d'autres marchandises, denrées et manufactures qui aient été omises au présent tarif, veut S. M. que l'appréciation en soit faite par les commis des bureaux, du consentement des marchands, voituriers, conducteurs ou intéressés, et en cas de contestation, qu'ils soient réglés par les intendants de police et finances desdits pays, et que les droits en soient payés à raison de dix pour cent de leur juste valeur... En cas de contravention et de contestation sur le recouvrement desdits droits, S. M. en a renvoyé et renvoie la connaissance aux intendants de police et finances desdits pays, auxquels elle en a attribué toute juridiction et connaissance pour juger souverainement jusqu'à la somme de mille livres par provision ; et en cas d'appel de leurs ordonnances et jugements, les parties se pourvoiront au Conseil d'État, où S. M. en a retenu la connaissance et icelle interdite à tous autres juges. » V. encore les arrêts du Conseil des 13 juin 1671 et 25 mars 1783. (Merlin, p. 365.)

[2] Arrêts du Conseil des 23 mai et 14 septembre 1728.

[3] Arrêts du Conseil des 30 avril 1722 et 17 juillet 1785. V. plus bas les attributions des intendants en ce qui concerne les contraventions à certaines prohibitions d'entrée ou de sortie.

II. — Guerre.

« Le roi, dit M. d'Aube [1], ordonne aux intendants d'informer de toutes levées de gens de guerre qui pourraient se faire sans son ordre, des déportements, façon de vivre, délits et abus de ceux qui passeront ou seront en garnison dans les lieux dépendant de leurs provinces ou généralités, leur donnant pouvoir de faire et parfaire le procès à tous gens de guerre coupables, et à tous ceux qui commettront des rébellions, empêcheront ou s'opposeront à la levée des deniers de S. M., et ce jusques à jugement définitif et exécution d'icelui inclusivement, et en dernier ressort, appelé avec eux le nombre de juges ou gradués prescrit par les ordonnances. Le roi les charge, de plus, de tenir la main à ce que les gens de guerre suivant leur route gardent en tout la discipline militaire, suivant les ordonnances et les règlements faits à ce sujet. »

« ... La discipline militaire a deux différentes espèces d'objets. L'une renferme tout ce qui a rapport au service militaire et à la subordination, et c'est par des vues infiniment sages que tout cela a été soumis à la juridiction des conseils de guerre et des commandants ; l'autre renferme tout ce qui a rapport à la société civile, et ce n'est pas par des vues moins sages que tout cela a été soumis, comme on vient de le voir, à la juridiction des intendants. » M. d'Aube fait remarquer toutefois que, dans l'exercice de leur pouvoir répressif, les intendants feront sagement de se laisser prévenir par l'autorité militaire, et de n'agir qu'à défaut de celle-ci.

Le règlement du prix des fournitures et charrois faits par les habitants pour le service des troupes en marche ; tous les détails relatifs au casernement, aux logements, au campement des troupes, tout ce qui concernait le service des hôpitaux militaires [2] et la levée de la milice [3], appartenait aux intendants. Une

[1] Mémoire précité, p. 456. V. Merlin, p. 248; l'édit de 1553; art. 9, l'ordonnance du 4 novembre 1651 ; celles du 8 avril 1718, art. 42, du 25 juin 1750, tit. III, art. 4 et 7 ; et du 1er mai 1768, tit. IV, art. 4.

[2] Sur les hôpitaux militaires, voy. l'ordonnance du 26 février 1777.

[3] V. le Mémoire précité de M. d'Aube, p. 460-480. En ce qui touche les milices, le contingent des généralités était fixé par le Conseil. L'intendant répartissait ce contingent entre les communes, proposait les officiers à la

grande partie de ces attributions était essentiellement contentieuse. Ainsi, en matière de logements de gens de guerre, l'intendant statuait sur les exemptions prétendues et condamnait les refusants à l'amende [1]. L'établissement des camps de manœuvres ou de travaux donnait lieu à des occupations temporaires de terrains; l'indemnité due pour cet objet aux propriétaires était liquidée par l'intendant. « L'intendant, dit M. d'Aube [2], devra commencer par estimer ce que devraient produire aux propriétaires des terrains où les camps seront marqués, et de ceux où l'on se proposera de faire faire aux troupes leurs mouvements et évolutions, les récoltes ou le pâturage desdits terrains, pour liquider à l'avance les dédommagements qui seront dus par le roi à ces propriétaires. » C'était encore l'intendant ou son subdélégué qui connaissait des contestations relatives au tirage au sort pour la milice [3] ou pour le service des canonniers gardes-côtes, ainsi qu'à la levée des matelots classés [4]. Le service qui donnait lieu au plus grand nombre de difficultés était celui des étapes et convois militaires [5]. Ce service se faisait par voie de réquisition directe sur les communes ou par voie d'adjudication à leur décharge. La compétence en cette matière fut définitivement enlevée aux trésoriers de France et attribuée aux intendants, par un édit du mois de juillet 1716. Un arrêt du Conseil du 3 octobre 1778 mit ce service en régie pour le compte du roi, mais réserva expressément la compétence des intendants, sauf appel au Conseil [6].

Enfin, une régie des poudres et salpêtres avait le droit de

nomination du roi, jugeait des exemptions, convoquait ou licenciait les compagnies, accordait les congés.

[1] Règlement du 4 novembre 1651, art. 21 ; ordonnance du 30 janvier 1687 ; ordonnance du 1er mars 1768.

[2] Mémoire précité, p. 469.

[3] V. le règlement de 1722 et l'ordonnance du 1er décembre 1774 sur le recrutement des régiments provinciaux, tit. IV, art. 10.

[4] Ordonnances des 13 décembre 1778 et 3 janvier 1779.

[5] Sur l'organisation des étapes en Bourgogne, on peut voir A. Thomas, *Une Province sous Louis XIV*, p. 149 et suiv. L'auteur cite une lettre du roi aux élus de Bourgogne (1662), aux termes de laquelle l'intendant est chargé de liquider et de faire rembourser les fournitures que les communes feront aux troupes de passage par voie de réquisition, et un décret des états de 1677, portant que l'intendant sera prié de nommer des subdélégués pour dresser des procès-verbaux des désordres qui pourront être commis, recevoir les plaintes, informer et arrêter jusqu'à jugement définitif, etc.

[6] V. encore arrêt du Conseil du 31 décembre 1778.

fouiller et de prendre le salpêtre dans toutes propriétés particulières, moyennant une indemnité qui était fixée par le roi, sur l'avis des intendants. Les intendants réglaient le prix des voitures fournies par les communautés pour le transport, et connaissaient de toutes les contestations intéressant la régie [1].

III. — Travaux publics.

C'est du règne de Henri IV que datent en France les grandes entreprises de travaux publics. Jusque-là, ainsi qu'on l'a justement fait remarquer, tout était resté local dans ce service, et en général on se contentait de réparer et d'entretenir sans chercher à rien créer. Mais dès les premières années du dix-septième siècle, de grands projets furent conçus et reçurent un commencement d'exécution. Il fallut dès lors créer un droit nouveau pour une situation à peu près inconnue jusqu'alors, celle de la propriété privée en conflit avec l'intérêt public.

Ici, comme partout ailleurs, la pratique a précédé la théorie. C'est seulement depuis la révolution de 1789 qu'on a fait des lois et des règlements sur l'expropriation pour cause d'utilité publique, et sur la réparation des dommages divers causés à la propriété privée par l'exécution des travaux d'intérêt général. Avant 1789, on n'avait guère songé à tracer ainsi des règles générales et abstraites; mais le Conseil d'État, en dressant les édits de concession de chaque entreprise avait soin d'y insérer des articles où les principales difficultés se trouvaient prévues, et qui étaient devenus de style.

C'est dans ces édits de concession qu'il faut chercher les origines de cette partie du droit administratif. Il en existe un grand nombre. Les plus importants sont:

L'édit de janvier 1607, avec les déclarations des 22 octobre 1611, 5 juillet 1613 et juillet 1656 sur les travaux de dessèchement de marais, concédés en 1599 à un Hollandais nommé Bradley.

L'édit de concession du canal de Briare (septembre 1638).

L'édit de concession du canal de navigation et de dessèchement entre Beaucaire et Agde (mars 1644).

[1] Déclaration du 8 août 1702; arrêt du Conseil du 5 septembre 1779, art. 9, 10 et 19. V. encore arrêts du 30 mai 1775, art. 20, et du 8 août 1777, art. 11.

Les édits de concession des canaux du Midi (octobre 1666), d'Orléans et du Loing (mars 1679 et novembre 1719), de Beaucaire à Aigues-Mortes (20 décembre 1701), de la Somme à l'Oise (septembre 1724).

Les édits de concession des travaux à faire pour rendre l'Eure navigable (octobre 1704), et pour rendre la Dordogne flottable (31 août 1728).

L'arrêt du Conseil du 30 octobre 1782, portant règlement pour le desséchement des marais de Rochefort, celui du 23 juillet 1783 portant règlement pour la navigation de la Loire.

L'arrêt du Conseil du 28 août 1786, concernant la restauration des arènes de Nîmes, et enfin celui du 3 novembre 1787, qui autorise l'exécution du projet d'amener à Paris les eaux de l'Yvette et de la Bièvre.

Nous reviendrons plus loin sur ce qui concerne les concessions de mines et la voirie.

Ce n'est pas ici le lieu d'examiner dans tous leurs détails les principes traditionnels qui se retrouvent dans tous ces édits. Bornons-nous à quelques indications.

L'exécution de tous les travaux publics, sans en excepter les desséchements de marais, avait lieu par voie d'expropriation. L'indemnité était fixée à dire d'experts, et devait être payée préalablement à la prise de possession. Tous les droits sur l'immeuble se trouvaient transférés sur le prix, qui était consigné et distribué judiciairement.

L'indemnité pour les simples dommages causés aux propriétés était fixée de la même manière. Les prévisions des édits de concession s'étendent à toutes les diverses sortes de dommages : fouilles et extractions de matériaux, occupations temporaires, prises d'eau au détriment des usagers et usiniers, conduites d'eau au travers des fonds voisins, et même simple passage sur les fonds voisins pour la levée des plans et l'exécution des travaux.

On trouve même, dans quelques anciens édits, le germe de cette idée que les propriétés particulières doivent contribuer à l'exécution des travaux, quand ces travaux doivent leur procurer une augmentation de valeur.

Enfin, et c'est là le point sur lequel nous devons porter toute notre attention, toutes les contestations qui peuvent s'élever, soit sur l'exécution des travaux, soit sur le règlement des indemnités, sont déférées, sans aucune exception, à l'autorité administrative. D'après l'édit de 1607, elles doivent être portées devant les juges des lieux ou devant les *commissaires députés à cet effet*. L'édit de 1638 contient encore une disposition semblable; mais, dans les édits postérieurs, ces derniers vestiges de la compétence judiciaire disparaissent. Tous attribuent juridiction complète et exclusive à l'intendant de la généralité, sauf appel au Conseil d'État.

Telles étaient les règles invariables observées avant 1789. Nous les trouvons indiquées dans le Mémoire de M. d'Aube, avec des développements qu'il n'est pas sans intérêt de transcrire ici.

Lorsqu'une entreprise est proposée, l'intendant doit d'abord examiner l'utilité publique, puis la possibilité d'exécution du projet; il doit chercher ensuite de quelle manière l'exécution, si elle est possible, peut se faire le plus utilement pour le public, et de la façon la moins nuisible aux particuliers; donner son avis, s'il y a lieu, sur les péages à établir en faveur de l'entrepreneur ou des expropriés; enfin faire dresser un plan et un détail des travaux et le faire approuver par le roi.

« Supposons présentement, poursuit M. d'Aube[1], que, tout ayant été bien discuté et constaté, on veuille songer à faire exécuter de pareils projets. La justice demandera que préalablement encore on en assure l'exécution en ne la confiant qu'à des personnes dont la fortune soit suffisante pour répondre, et que tout ce qui aura été jugé utile sera fait et entretenu, et qu'il le sera selon les règles d'une bonne et exacte police; pour répondre aussi du payement de tout ce qui sera adjugé de dédommagements. Mais cette précaution seule ne suffirait pas. La justice demandera de plus que ceux qui auront contracté envers le roi l'obligation d'exécuter lesdits projets élisent un domicile dans le pays où il s'agira de les exécuter; qu'ils y soient toujours présents ou en personne ou par des porteurs de procurations en bonne forme, et qu'ils aient en caisse des fonds suffisants dans ce même pays pour payer les ouvriers qu'ils emploieront, les matériaux qu'ils achèteront, et pour satisfaire aux ordonnances de liquidation des dédommagements à mesure qu'elles seront données.

[1] Mémoire précité, p. 254-263.

« Tous ces préliminaires ayant été bien observés, on peut en venir à l'exécution pour ce qui regarde les travaux qui ne nuiront à personne. Mais quand on voudra faire quelque chose qui ne se pourra faire sans porter préjudice à quelqu'un, d'autres préliminaires seront indispensables. Par exemple, s'agira-t-il de passer sur des terres cultivées qui pourront en être endommagées ou dont on pourra détruire tout ou partie de l'espérance de la récolte ; il faudra commencer par estimer la récolte espérée et la valeur du terrain en l'état où il sera avant qu'on y passe, afin que ces valeurs étant ensuite combinées avec celles de ce qui en restera au propriétaire et au possesseur, il en résulte à quoi au juste devra se monter le dédommagement.

« S'agira-t-il de démolir un bâtiment ; il faudra commencer par le faire estimer selon sa vraie valeur, eu égard tant à ce dont il se trouvera actuellement composé et à l'état où il sera qu'à ce dont sa construction aura pu augmenter le revenu de quelques terrains voisins appartenant au même propriétaire. Il faudra estimer aussi la valeur du terrain sur lequel elle aura été construite par rapport aux usages qu'on en aurait pu faire précédemment, c'est-à-dire avant la construction dudit bâtiment, et combiner cette valeur avec celle qu'il devra avoir quand la démolition sera faite. Il est évident que ce sera de tout cela que devra dépendre la juste liquidation du dédommagement.

« S'agira-t-il de supprimer un moulin ou quelque autre usine ; il faudra en estimer le revenu sur le pied d'une année commune, pour parvenir ensuite à ordonner le payement du capital, eu égard au prix des ventes ordinaires de pareils biens.

« Ne s'agira-t-il que de prendre pour la navigation ou le flottage une partie de l'eau affectée à ce moulin ou autre usine ; il faudra faire faire l'estimation totale du revenu, évaluer ensuite combien ce revenu devra diminuer pour en faire raison au propriétaire, en ajoutant, dans la liquidation du dédommagement, à un capital convenable à la diminution dudit revenu une somme relative aux réparations, dont la charge annuelle pourra n'être pas moindre ou l'être peu pour une usine de moindre revenu, qu'elle ne l'aurait été si le revenu avait continué d'être plus fort...

« Enfin, s'il s'agit d'enlever à quelqu'un la propriété de quelque terrain, il faudra, avant tout, faire faire l'arpentage et l'estimation de ce terrain, pour régler ensuite la liquidation du dédommagement dû au propriétaire sur le pied de cette estimation; car ce n'est que sur l'inspection de la superficie de tout le terrain qu'on peut juger ce qu'il peut produire en qualité et quantité, et par conséquent ce qu'il vaut. Cette précaution préliminaire sera nécessaire deplus en plus, à mesure qu'il y aura un plus grand nombre de propriétaires différents du terrain qu'on voudra prendre, et cela pour distinguer exactement ce qu'on voudra ôter à chacun, pour liquider le dédommagement dû à chaque propriétaire, et pour faire planter, s'il en est besoin, de nouvelles bornes qui puissent faire reconnaître ce qui restera à chacun desdits propriétaires.

« Toutes les opérations relatives à ce qui vient d'être expliqué doivent être faites parties présentes ou dûment appelées, afin que tout ce qui peut fournir des sujets de contestation étant débattu, l'intendant soit en état de rendre la justice qu'il doit à tout le monde, et qu'en tout cas les parties intéressées ne souffrent préjudice que pour n'avoir pas, par leur faute, dit ce qui aurait pu leur être avantageux.

« C'est aussi parties présentes ou dûment appelées que devront être discutées toutes les contestations qui pourront naître dans le cours de l'exécution des susdits projets. Chacun ayant été entendu dans ses demandes et dans ses défenses, l'intendant devra envisager que l'utilité publique qui est l'objet de ces projets rend favorables ceux qui sont chargés de les exécuter, mais non pas jusqu'à tel point qu'ils puissent faire aucun dommage sans être assujettis à le réparer, qu'ils troublent impunément l'ordre public, ni qu'ils se soustrayent impunément aussi à la subordination sans laquelle l'ordre ne peut subsister. »

Enfin, « l'intendant doit avoir attention à faire courir l'intérêt des dédommagements qu'il liquidera, depuis le jour du dommage causé jusqu'à celui du payement des sommes liquidées. »

M. d'Aube n'entre dans aucun détail sur les contestations qui pouvaient survenir entre les entrepreneurs et l'administration, relativement à l'application et à l'interprétation des clauses de leurs marchés. Ce serait un travail intéressant que de rechercher et de comparer les clauses et conditions usuelles de ces marchés et devis [1]. Bornons-nous à rappeler que la compétence de l'in-

[1] Les documents existent en grand nombre dans les archives des anciennes intendances. Un décret des états de Bourgogne de l'an 1700, cité par

tendant s'étendait à toutes ces contestations, en vertu des délégations contenues dans les édits de concession ou dans les arrêts du Conseil autorisant les travaux.

Dans les pays d'états, les choses ne se passaient pas autrement. Les états, qui votaient des subventions considérables, obtenaient ordinairement une part dans la direction des travaux [1], mais le contentieux resta toujours entre les mains des intendants.

A côté des grandes entreprises d'utilité générale que nous venons de citer, il ne faut pas oublier les travaux de construction et d'entretien des édifices publics faisant partie du domaine de l'État. Dans l'origine, la direction et la juridiction de ces sortes de travaux appartenaient aux trésoriers de France, en vertu de leur attribution générale sur le domaine de la couronne. Un arrêt du Conseil, du 30 avril 1648, maintint même sur ce point la compétence des trésoriers de France contre les entreprises des intendants; mais la pratique contraire n'en prévalut pas moins. « Dans le fait, dit Merlin [2], nous voyons presque toujours MM. les intendants chargés du soin de surveiller et de faire exécuter les ouvrages publics. » L'arrêt du Conseil qui les autorisait à faire la dépense sur les fonds du domaine leur conférait en même temps juridiction sur les contestations relatives à l'exécution des travaux.

Nous verrons bientôt qu'une attribution analogue avait lieu pour les travaux des ponts et chaussées.

Mines. — On sait que sous l'ancienne législation, les propriétaires de la surface n'avaient aucun droit sur les mines situées au-dessous de leurs propriétés. Les mines étaient concédées par

M. A. Thomas (*Une Province sous Louis XIV*, p. 190), porte : « Les devis d'ouvrages seront publiés deux mois avant l'adjudication, et dans un rayon assez étendu pour que les enchères soient plus sérieuses, et pour que les devis puissent être corrigés par l'avis des gens à ce connaissant et bien intentionnés qui seront à portée. Les adjudications ne seront plus faites à condition d'avancer par la province le premier tiers du prix des ouvrages ; au contraire, elles ne seront faites qu'à condition que les ouvriers feront un sixième des ouvrages avant de rien recevoir du prix. »

[1] V. un décret des états de Bourgogne de l'an 1665, relatif à un emprunt de 600,000 livres pour la construction d'un canal de la Saône à la Loire. (A. Thomas, *Une Province sous Louis XIV*, p. 186.)

[2] Merlin, p. 333.

le roi, soit à titre de propriétaire, soit à titre de souverain, moyennant une redevance consistant dans une portion des produits. Mais des contestations pouvaient s'élever entre les propriétaires de la surface et les concessionnaires des mines, à raison des terrains dont ces derniers étaient obligés de s'emparer pour pratiquer leurs passages et ouvertures. Ce cas était prévu par les édits de concessions de mines ; l'indemnité était fixée, comme en matière de travaux publics, par les intendants, sauf appel au Conseil[1].

Cette attribution de compétence fut consacrée pour les mines de charbon de terre par les règlements généraux des 14 janvier 1744 et 19 mars 1783, et pour toutes sortes de mines par un arrêt du Conseil du 29 septembre 1786.

Il va sans dire que tous les règlements réservaient aux intendants la surveillance administrative des exploitations.

Fouilles et extractions de matériaux pour les travaux publics. — Indépendamment de l'attribution générale donnée aux intendants par les édits de concession de travaux publics pour régler toutes indemnités réclamées à raison de l'exécution desdits travaux, un règlement général confiait aux intendants le droit de statuer sur toutes contestations entre les entrepreneurs des travaux de voirie et les propriétaires des terrains fouillés pour ces travaux. Ce droit avait d'abord appartenu aux trésoriers de France[2]; c'est en 1672 qu'il leur fut enlevé et donné aux intendants[3].

Voirie. — L'administration de la voirie appartenait aux trésoriers de France, auxquels toute juridiction en cette matière avait été conférée par l'édit de 1627. Mais une grande partie de leur pouvoir passa peu à peu entre les mains des intendants.

Ainsi, le 26 mai 1705, un arrêt du Conseil prescrivit la rectification, l'élargissement et la plantation des routes, et enjoignit aux intendants et aux trésoriers de France, chacun dans leur département, de tenir la main à l'exécution de ses dispositions,

1 V., par exemple, l'édit de juillet 1705 portant règlement pour l'ouverture des mines d'or et d'argent nouvellement découvertes sur les terres du Vigean et de l'Ile Jourdain en Poitou. On peut en voir d'autres dans Merlin, p. 212.

2 Arrêt du Conseil du 3 octobre 1667.

3 Arrêts du Conseil des 3 décembre 1672, 22 juin 1706, 7 septembre 1755, et 20 mars 1780.

et de rendre toutes les ordonnances nécessaires, lesquelles seraient provisoirement exécutées, sauf appel au Conseil.

Un autre arrêt du 3 mai 1720 fixa la largeur des chemins à soixante ou trente-six pieds, prescrivit que des fossés seraient creusés sur les bords et des arbres plantés de trente en trente pieds. Les intendants furent chargés de tout ce qui concernait l'exécution de cet arrêt.

Enfin, un arrêt du 17 juin 1721 ordonna que les chemins seraient reportés à leur ancienne largeur, et défendit aux riverains d'empiéter. « Veut S. M., ajoute l'arrêt, que dans la généralité de Paris lorsque les trésoriers de France, et dans les autres généralités, les sieurs commissaires départis feront leurs tournées, ils puissent faire assigner par-devant eux, par le premier huissier ou sergent de la justice du lieu, ou de la plus prochaine, les contrevenants, et que, sur la simple assignation qu'ils auront faite, ils prononcent sur-le-champ telle amende qu'ils jugeront juste et raisonnable, et rendent toutes les ordonnances nécessaires, lesquelles seront exécutées par provision : pourront néanmoins les condamnés, à l'égard de la généralité de Paris, se pourvoir en opposition au bureau des finances de ladite généralité, et, en cas d'appel tant des ordonnances des sieurs commissaires départis que de celles dudit bureau des finances de la généralité de Paris, S. M. s'en réserve la connaissance et icelle interdit à ses autres cours et juges. »

Le Mémoire de M. d'Aube nous fournit de précieux détails sur cette partie des fonctions des intendants.

« Toute la largeur des chemins de chaque espèce [1] déterminée par les lois municipales de chaque province, ou par la jurisprudence qui s'y est établie, est due au public, quant au droit de passage qu'il peut y exercer. Si ceux qui existent se trouvent moins larges que les coutumes et jurisprudence n'exigent qu'ils soient, cela ne peut être arrivé que par usurpation de la part des propriétaires ou possesseurs des terres qui bordent ces chemins devenus trop étroits, et le public est en droit d'exiger que lesdits chemins soient remis à la largeur prescrite, aux dépens des terrains qui sont en leur possession. Mais l'usurpation peut avoir été faite ou par les propriétaires bordiers d'un côté seulement, ou par ceux qui l'ont été de chaque côté, et elle peut être si an-

[1] Mémoire précité, p. 309.

cienne qu'on pourrait n'avoir aucune preuve qui pût convaincre de la vérité sur ce point. En ce cas, il faut avoir recours à la présomption la plus naturelle, et il paraît évident, comme il y a lieu de présumer, parce que cela a dû être le plus ordinaire, que la largeur anciennement prescrite a été prise au plus approchant d'une ligne droite; il faut donc distinguer le chemin qui paraît droit de celui qui ne le paraît pas. Si ce chemin trop étroit paraît droit, l'usurpation doit être présumée faite également par les propriétaires et possesseurs des deux bords, qui doivent également contribuer à l'élargissement. Si, au contraire, le chemin trop étroit ne paraît pas droit, on doit présumer que l'usurpation a été faite par les propriétaires des terrains qui se trouvent en dedans de la ligne courbe, et c'est sur eux que l'élargissement doit être pris. »

Que s'il s'agit d'élargir les chemins au delà des dimensions prescrites par la coutume, M. d'Aube fait observer qu'il y a lieu d'indemniser les propriétaires riverains, *quoique cela ne soit pas toujours bien observé.*

« Quant aux fossés bordant les chemins, poursuit M. d'Aube, les propriétaires bordiers ne pourront pas se plaindre que ces fossés soient pris sur leurs terrains, même sans qu'on leur donne aucun dédommagement pour cela, parce que c'est à chacun à clore ses fonds; que lesdits fossés sont la clôture de ceux desdits propriétaires du côté des chemins, et qu'elle leur sera utile en ce qu'elle empêchera les hommes, chevaux et voitures d'endommager leurs terres cultivées. C'est par ces mêmes raisons que je me porte à penser qu'on peut avec justice, en dédommageant, dans tous les cas que j'ai expliqués ci-devant, tout propriétaire du terrain qui sera pris pour la construction et l'élargissement des grands chemins, l'assujettir ou à supporter la dépense de l'excavation des fossés qui devront les border, ou bien, à leur choix, à faire creuser eux-mêmes ces fossés d'une profondeur et d'une largeur convenables et prescrites, en leur laissant la faculté d'user comme il leur plaira des parties des terres provenant de ces excavations qui pourront leur être utiles, et de jeter le reste en dedans du grand chemin, pour servir à relever d'autant les deux côtés des chaussées et à fortifier les accotements. »

Tout ce qui concerne la réparation des chemins, soit par corvées, soit par entreprise, passa, au dix-huitième siècle, des mains des trésoriers de France dans celles des intendans [1]. La compétence des intendants était réservée dans tous les baux d'entretien des routes [2].

Cours d'eau. — Tout ce qui concerne les règlements d'eau, l'instruction des demandes d'autorisations pour l'établissement des moulins et usines, et la police de la navigation et du flottage, appartenait aux intendants. Leur compétence est expressément consacrée dans les grands règlements qui furent promulgués, au dix-huitième siècle, pour les principales rivières du royaume, pour la Loire par exemple (arrêts du Conseil des 12 décembre 1779 et 23 juillet 1783), et pour la Garonne (17 juillet 1782).

Police du roulage. — La police du roulage, dans l'intérêt de la conservation des routes, appartint d'abord aux trésoriers de France et aux officiers de police, sauf appel aux parlements [3]. Un arrêt du Conseil du 7 avril 1771 l'attribua aux intendants pour cinq ans seulement; mais cette attribution leur fut prorogée par arrêts des 8 juillet 1775, 20 avril et 28 décembre 1783.

Postes et messageries. — La direction des postes avait d'abord appartenu à des contrôleurs ou régisseurs généraux en simple commission. Un surintendant en titre d'office fut créé en 1630. En 1692, Louis XIV supprima l'office, dont Louvois avait été le dernier titulaire, et réduisit la surintendance en simple commission révocable à volonté. Jusque-là, le directeur ou surintendant avait eu la police de tout le service. Le même édit de janvier 1692 la confia aux intendants de province : « Voulons, porte cet édit, que les contestations concernant les charges et fonctions des officiers des postes et des courriers et commis aux bureaux soient jugées sommairement par les commissaires par

[1] Sur la conversion des corvées en argent, voy. l'arrêt du Conseil du 6 novembre 1786.

[2] En Languedoc, la direction des ponts et chaussées appartenait aux états, le contentieux à l'intendant. V. arrêts des 16 octobre 1724, 19 septembre 1727, et déclaration du 20 janvier 1738. L'intendant connaissait, par exemple, des contestations relatives à la disposition des terres où étaient placés les anciens chemins, des contestations occasionnées par les changements de direction des chemins, et des usurpations sur les chemins. (Arrêts du Conseil des 4 décembre 1737, 21 septembre 1768, 13 juin 1777 et 27 juin 1780.) A plus forte raison, les intendants connaissaient des contestations relatives aux ouvrages faits aux dépens du roi dans la province. (Arrêt du Conseil du 19 juillet 1774.)

[3] V. la déclaration du 14 novembre 1724.

nous départis dans nos provinces, sauf l'appel en notre Conseil, même que nosdits commissaires départis puissent les condamner à l'amende et autres peines pécuniaires pour les abus et malversations. Et, en cas de crime qui méritât peine afflictive, ils seront jugés par nos juges ordinaires, sauf l'appel en nos Cours. »

Cette attribution fut confirmée par une foule d'arrêts du Conseil. On peut voir notamment ceux des 2 décembre 1704 [1], 4 juin 1775, 20 novembre 1785, 4 février 1786. Elle s'étendait non-seulement à la police des employés, conducteurs et postillons, mais encore à toutes les réclamations des voyageurs ou expéditeurs contre l'administration.

Les diligences et messageries étaient exploitées, comme les postes, pour le compte du gouvernement, tantôt en ferme, tantôt en régie. Toutes les contestations relatives à ce service étaient également dévolues aux intendants, sauf appel au Conseil [2].

IV. — Tutelle des Communes.

Un des premiers actes de l'administration de Colbert fut de confier aux intendants la tutelle administrative des communes. Déjà les communes avaient été réintégrées dans leurs biens aliénés [3]. Les intendants furent chargés de procéder à la liquidation de leurs dettes. Il fut interdit aux communes de s'imposer extraordinairement, d'aliéner, d'emprunter, d'ordonner des députations, de plaider et même de s'assembler sans autorisation de l'intendant [4];

[1] L'arrêt de 1704 fut rendu sur la requête du fermier. Ce dernier se plaint de ce que, nonobstant les règlements, « ledit suppliant, ses commis et procureurs ne laissent pas d'être journellement traduits par-devant les juges ordinaires, lesquels, au préjudice desdits arrêts, veulent en connaître, et refusent d'en faire le renvoi par-devant lesdits sieurs intendants et commissaires, ce qui cause un préjudice notable à la ferme du suppliant, qui ne peut espérer de justice des juges ordinaires à cause du refus que ses commis et préposés font de leur donner gratis le port de leurs lettres et paquets. »

[2] Arrêts du Conseil des 7 août et 30 septembre 1775, et 23 janvier 1777. On trouve encore un arrêt du Conseil du 16 avril 1769, portant que toutes contestations relatives à la ferme ou régie des carrosses de place de la ville de Lyon seront portées devant l'intendant, sauf appel au Conseil.

[3] Déclaration du 22 juin 1659.

[4] Déclaration du 22 juin 1659, édit d'avril 1683, déclaration du 2 août 1687, déclaration du 2 octobre 1703, édit d'août 1764, arrêt du Conseil du 8 août 1783. Pour les assemblées des corps municipaux, V. les arrêts du Conseil des

il fut même interdit à leurs créanciers de les actionner en justice sans permission par écrit de l'autorité administrative [1].

Tout ce qui concerne les actes de tutelle se rapporte, selon M. d'Aube, à trois chefs : établissement des recettes des communautés, autorisations de plaider, liquidation des dettes.

Établissement des recettes des communautés. — « Quant à la recette à établir, dit M. d'Aube [2], plus elle sera forte, plus seront grandes la quantité et la quotité des dépenses auxquelles elle pourra satisfaire, et plus rarement sera-t-on obligé d'en venir à faire des impositions sur les membres qui les composent. L'intendant doit donc s'attacher à faire en sorte que les revenus légitimes des villes et communautés montent aussi haut qu'il soit possible, en prenant et faisant prendre toutes les précautions convenables pour faire porter à une juste valeur les adjudications des droits ou autres biens à affermer, et en faisant établir la plus parfaite économie pour la perception des droits et autres revenus à régir. Il doit s'attacher aussi à empêcher que ladite recette ne soit confiée à gens capables d'en détourner les fonds, et qui, en tout cas, ne seraient pas bons pour en répondre, ni à gens incapables de faire les recouvrements ou négligents. Il doit veiller encore à ce que les comptes de recette et de dépense, de régie et d'administration, soient rendus avec ordre et exactitude, et c'est pour cela qu'il est particulièrement autorisé, par sa commission, à se faire représenter les comptes de ceux qui ont eu le maniement des deniers communs ou d'octroi desdites villes et communautés, avec les pièces justificatives desdits comptes, pour en juger, sauf l'appel au Conseil du roi. »

Autorisations de plaider. — A l'égard des procès à intenter ou soutenir de la part des villes et communautés, M. d'Aube [3] fait remarquer qu'ils sont de deux espèces. Les uns sont de la compétence des juges ordinaires, et les autres de la compétence de l'intendant. Pour ces derniers, aucune autorisation n'est nécessaire. « Quant aux premiers, les villes et communautés veulent-elles les intenter; nos rois ont décidé expressément qu'elles ne le

23 décembre 1786 et 10 août 1787, rendus pour les villes d'Étampes et de Meaux.

1 Édit d'avril 1683.

2 Mémoire précité, p. 545.

3 Mémoire précité, p. 547.

peuvent faire sans y être autorisées par l'intendant. Il n'y a pas de loi aussi précise pour ce qui regarde les procès qu'elles auraient à soutenir en se défendant ; mais qu'on examine bien le motif qui a déterminé à leur défendre expressément de plaider, en attaquant sans l'autorisation de l'intendant, on trouvera que, de ce même motif, il doit résulter qu'il ne convient pas de les admettre à plaider aussi en se défendant sans une pareille autorisation [1].

« L'intendant, poursuit M. d'Aube [2], doit toujours faire en sorte, autant que cela lui sera possible, que les villes et communautés ne plaident point sans son aveu. Mais aussi il ne doit pas se rendre trop difficile quand les villes et communautés lui demanderont son autorisation pour plaider. Alors, je ne crois pas qu'il faille qu'il apporte à ces affaires, dont il n'est pas le juge, un aussi scrupuleux examen que si c'était à lui à les juger. Il ne le pourra pas même le plus souvent, puisqu'il n'aura pas le droit de faire venir devant lui les parties adverses. Il suffit, à mon avis, pour devoir le porter à donner son autorisation pour plaider, que les villes et communautés lui rapportent, avec des délibérations en bonne forme, tout ce qui suffirait à des avocats, gens de bien et très-intelligents, pour donner des consultations favorables et très-bien appuyées. »

Liquidation des dettes des communautés. — « Lisons les commissions des intendants [3]. Nous y trouverons qu'il leur est attribué de vérifier les dettes des communautés, de juger de leur validité ou invalidité, de décider sur tous procès et différends mus et à mouvoir pour raison desdites dettes, ou de leurs cautions et coobligés dont les communautés sont garantes, et d'accorder auxdites communautés les délais et surséances que lesdits intendants estimeront nécessaires [4]. »

[1] Merlin exprime la même opinion (p. 312). Il cite un arrêt du Conseil du 8 août 1713, qui avait fixé la jurisprudence en ce sens.

[2] Mémoire précité, p. 549.

[3] Mémoire précité, p. 550. Les motifs de cette attribution sont expliqués dans un arrêt du Conseil du 23 août 1658, donnant commission à ce sujet à l'intendant de Metz, et rapporté par Merlin (p. 299) : « La connaissance desdites surséances et répits appartient privativement audit sieur intendant, comme étant le seul qui sait les charges que portent les suppliants, soit pour les contributions ordinaires, fournitures d'étapes, quartiers d'hiver ou autres charges, et ainsi peut seul examiner si les communautés sont en pouvoir de payer quelque chose de leurs dettes ou non. »

[4] V. les nombreux arrêts du Conseil cités par Merlin (p. 299). « Les

Voici maintenant quelques règles qui font bien voir en quoi consistait l'opération de la liquidation :

« Quand il s'agit, poursuit M. d'Aube [1], de dettes dont l'ancienneté remonte jusques avant le temps où les intendants, rendus sédentaires dans les provinces, ont été constitués les tuteurs des communautés, il suffit, pour la validité de leurs dettes, qu'elles aient été contractées en vertu de délibérations desdites communautés, rapportées en bonne forme et appuyées sur des motifs d'une utilité très-apparente, et qu'il soit prouvé que l'emploi indiqué par lesdites délibérations ait été fait. Mais si les dettes n'ont été contractées que depuis que les intendants, rendus sédentaires, ont été donnés pour tuteurs aux communautés, et pour juger de l'utilité ou inutilité des opérations qu'elles ont eu à faire, il faut de plus que les susdites délibérations aient été visées par l'intendant et approuvées ou par ce visa qui suffit, ou par quelque autre acte authentique. De cette distinction il suit qu'à l'égard des villes, par exemple, que le roi a autorisées, par exception, à se gouverner par elles-mêmes et par leurs officiers municipaux et conseils, l'approbation de l'intendant n'est pas nécessaire, en quelque temps que les dettes aient été contractées, pourvu que l'objet puisse paraître en avoir été utile et que l'emploi de ce qui a formé lesdites dettes ait été fait. »

Par exemple, « une ville ou communauté a fait faire un ouvrage public [2]. Les entrepreneurs ou les ouvriers en demandent le payement. Ils ne peuvent, selon le droit et la raison, l'obtenir si le projet et l'exécution de l'ouvrage n'ont pas été approuvés par l'intendant, parce qu'on ne pourra, sans cela, présumer sa suffisante utilité, dont il eût été nécessaire que l'intendant eût jugé en discutant préalablement non-seulement si ladite ville ou communauté eût dû y trouver de l'avantage, mais aussi si cet

intendants, ajoute Merlin, ne sont point juges de la légitimité des dettes des communautés d'habitants. Cependant le recours à ces magistrats est indispensable lorsqu'on veut les traduire en justice réglée, ou mettre à exécution les jugements obtenus contre elles. »

[1] Mémoire précité, p. 552.

[2] Mémoire précité, p. 553. Les communes ont toujours été soumises à l'obligation d'entretenir et de réparer la nef de l'église et la clôture du cimetière, et de fournir au curé un logement convenable. L'arrêt du Conseil du 26 décembre 1684 et l'édit d'avril 1695 attribuent à cette fin toute compétence aux intendants.

avantage était proportionné à la dépense, et si ladite ville ou communauté était en état de supporter cette dépense. Quand je dis qu'il faut que le projet et l'exécution aient été approuvés par l'intendant, il est aisé d'en conclure qu'il ne suffirait pas de l'approbation du projet si l'exécution ne paraissait pas avoir été précédée et suivie de toutes les formalités nécessaires, c'est-à-dire d'adjudications en bonne forme, de procès-verbaux constatant l'exécution, et, en cas de dépenses indispensables et imprévues faites par les adjudicataires, de l'évaluation juridique desdites dépenses, et si ladite exécution n'était pas devenue sur ces fondements digne de l'approbation de l'intendant. Ce projet et cette exécution, étant ainsi appuyés, forment des dettes légitimes au payement desquelles les villes et communautés, quoique mineures, sont obligées, mais n'en peuvent former qu'à l'appui de tout cela ; et les créanciers, qui ne peuvent justifier ainsi leurs créances, ne sont pas en droit de se plaindre si les villes et communautés ne les payent pas, parce qu'ils ont dû savoir et se procurer tous les titres dont ils avaient besoin. »

Ainsi, ce droit de liquider les dettes des communes entraînait, pour les intendants, le droit de juger presque toutes les affaires contentieuses. Les tribunaux ordinaires ne conservaient plus de juridiction à cet égard que sur les questions de propriété [1].

Dans certaines provinces, les pouvoirs des intendants avaient

[1] V. un arrêt du Conseil du 25 septembre 1732 entre la ville de Montpellier et un entrepreneur de travaux publics. Il tranche, en faveur de l'intendant de Languedoc, un conflit entre ce dernier et la Cour des comptes et aides de Montpellier, au sujet de contestations entre la ville et l'entrepreneur sur le payement de travaux faits en dehors des prévisions du devis, et irrégulièrement autorisés (V. Merlin, p. 270). Cette jurisprudence a été confirmée par une déclaration du 20 janvier 1736, portant : « Lorsqu'à l'occasion des ouvrages qui seront à la charge des villes et communautés, et dont le fonds aura été fait par imposition ou par emprunt, ou du produit des deniers d'octroi, il surviendra des contestations entre lesdites villes et communautés et les entrepreneurs, soit au sujet de l'adjudication et réception desdits ouvrages ou sur les défauts qui pourraient s'y trouver, voulons qu'il ne puisse y être pourvu que par nous, en la forme que nous jugerons à propos, sans que les parties puissent faire ailleurs aucunes poursuites à cet égard jusqu'à ce que par nous il en ait été autrement ordonné. »

Quand l'exécution des travaux publics communaux causait des dommages aux propriétés particulières, c'est à l'intendant qu'il appartenait de connaître des demandes en indemnité. V. un arrêt du Conseil du 16 juin 1764, rapporté par Merlin (p. 273). V. encore Merlin, p. 265.

reçu, à raison des circonstances locales, une extension toute particulière.

On sait de quelle importance étaient et sont encore aujourd'hui les marais communaux dans le nord de la France. Dès le commencement du dix-huitième siècle, toutes les contestations relatives à la jouissance des marais et tourbages en Picardie et en Artois furent attribuées à l'intendant, sauf appel au Conseil [1].

Cette attribution fut révoquée par un arrêt du Conseil du 11 mai 1764, et la compétence fut rendue aux tribunaux ordinaires; mais elle ne leur resta pas longtemps. Elle fut donnée en 1768 à une Commission de cinq anciens avocats, et enfin, par arrêt du 26 août 1769, aux députés généraux et ordinaires des états d'Artois, toujours sauf appel au Conseil.

Les marais communaux de la Flandre wallonne furent partagés pour la jouissance par lettres patentes du 27 mars 1777, ceux de l'Artois par lettres patentes du 13 mars 1779 [2]. Le jugement de toutes les contestations relatives à la dévolution des portions ménagères resta confié, en Artois, aux états provinciaux; mais dans la Flandre wallonne il fut expressément attribué à l'intendant par l'article 19 des lettres patentes du 27 mars 1777; attribution d'autant plus remarquable que dans les trois Évêchés, et en Bourgogne, où les communaux avaient été partagés par édits de 1769 et de 1774, la connaissance des questions de dévolution n'avait pas été enlevée aux tribunaux ordinaires. On a cru devoir la signaler ici, malgré son caractère exceptionnel, à cause de l'intérêt pratique qui s'attache à cette question, sur laquelle la jurisprudence hésite encore [3].

Il est remarquable que les contestations relatives aux élections

[1] Arrêts du Conseil des 8 mai et 21 août 1717, 28 juillet 1719, 8 mai 1736, 12 août 1740, 3 août 1753, 28 janvier 1755, cités par M. Legentil, avocat à Arras, dans son *Traité de la législation des portions ménagères* (Paris, 1854), p. 571.

[2] V. ces deux édits dans l'ouvrage précité de M. Legentil, p. 274 et 289.

[3] Un arrêt du Conseil du 10 juillet 1750, rapporté par Merlin (p. 307), commet l'intendant d'Auch et de Pau pour procéder à l'aliénation des biens communaux, et en employer le prix à l'acquittement des dettes des communautés. Cet arrêt attribue à l'intendant la connaissance de toutes les contestations qui pourront survenir à l'occasion desdites adjudications, concernant le bornage ou propriété desdits terrains et communaux aliénés, leurs circonstances et dépendances, pour les juger sauf l'appel au Conseil.

municipales restèrent toujours soumises à la juridiction des juges royaux et des parlements. Cette compétence est expressément confirmée par l'article 41 de l'édit du mois de mai 1765. Mais on voit aussi qu'elle n'était pas à l'abri des entreprises des intendants. En 1667, Brulart, premier président du parlement de Dijon, écrivait à M. de la Vrillière pour se plaindre de M. Bouchu, intendant de Bourgogne : « C'est, Monsieur, qu'il prend connaissance de l'élection des maires et des échevins, et quand les parties lui représentent qu'elles ont relevé leur appel au Parlement, et que cette nature d'affaires ne s'est jamais traitée ailleurs, il répond qu'il le fait pour le bien de la paix, et qu'il veut brusquement accommoder les procès, sans rien écrire même de ce qu'il ordonne. » Ces entreprises étaient évidemment encouragées, peut-être même inspirées par Colbert[1].

V. — Tutelle des établissements de mainmorte.

La tutelle des intendants ne s'appliquait pas seulement aux communes, elle s'étendait encore à tous les établissements de mainmorte[2]. On sait que les règlements interdisaient à ces établissements d'acquérir des immeubles sans l'autorisation du roi. L'instruction des demandes en autorisation était confiée aux intendants, qui étaient compétents pour statuer sur les contraventions, par concurrence et prévention avec les juges ordinaires. Aucune construction ou reconstruction de bâtiments, appartenant aux gens de mainmorte, ne pouvait avoir lieu sans autorisation de l'intendant, ou même, en certains cas, du Conseil d'État, sur l'avis de l'intendant[3].

On entendait par biens de mainmorte, non-seulement les biens du clergé, mais ceux des hôpitaux et des établissements de charité et d'instruction publique[4].

[1] V. A. Thomas, *Une Province sous Louis XIV*, p. 416. — D'après une déclaration du 6 avril 1717, donnée pour le Languedoc, les appels contre les élections consulaires ne pouvaient être reçus dans les tribunaux qu'avec l'autorisation de l'intendant, laquelle ne devait être accordée à aucune personne en particulier, mais seulement à la plus grande partie des habitants de la communauté. C'était une application du principe qui défendait aux communes de plaider sans l'autorisation de l'intendant.

[2] V. Merlin, p. 160.

[3] Arrêts du Conseil des 21 janvier 1738 et 7 septembre 1785.

[4] V. Merlin, p. 164.

Les communautés d'arts et métiers, connues sous le nom de jurandes, étaient également soumises à la tutelle des intendants. Leurs syndics ne pouvaient former aucune demande en justice qu'après y avoir été autorisés par une délibération des députés du corps, approuvée par l'intendant [1].

La défense de plaider sans autorisation s'appliquait-elle aux fabriques d'église? C'était une question souvent agitée dans l'ancienne jurisprudence. La déclaration du 2 octobre 1703, qui faisait cette défense aux communautés, ne parle pas des fabriques. Aussi Merlin soutient la négative, et cette opinion fut consacrée par un arrêt du parlement de Flandre du 14 décembre 1776 [2].

VI. — Agriculture, Commerce, Industrie, Police.

Les intendants avaient en ces matières des attributions très-nombreuses et très-étendues. On peut consulter l'inventaire qu'en a dressé Merlin. Nous nous bornerons à signaler les principales.

Lorsque les chambres du commerce, puis les sociétés d'agriculture furent créées dans les différentes généralités du royaume, les intendants en furent toujours nommés membres, en qualité de commissaires du roi. Divers règlements leur donnèrent un droit de surveillance et de direction supérieure sur les pépinières royales, les haras, les écoles vétérinaires et les monts-de-piété. C'était à eux que le gouvernement demandait des rapports sur la production et l'approvisionnement, sur les encouragements et l'impulsion à donner. C'étaient eux qu'il chargeait d'exécuter ses instructions à cet égard.

Ces pouvoirs, conférés aux intendants, entraînaient, dans des cas très-nombreux, le droit de juridiction contentieuse. Signalons ici quelques exemples.

Les intendants étaient juges des contraventions au règlement sur les haras [3], à la défense de planter des vignes sans autorisation [4], et aux règlements de police sur les épizooties [5]; ils pouvaient même procéder extraordinairement en cas de rébellion;

[1] Déclaration du 4 juillet 1775; arrêts du Conseil des 5 avril 1779 et 15 mars 1782.

[2] V. Merlin, p. 152.

[3] Arrêt du Conseil du 28 octobre 1683; déclaration du 22 septembre 1790; arrêt du Conseil du 22 février 1717.

[4] Arrêt du Conseil du 5 juin 1731.

[5] Arrêt du Conseil du 1er novembre 1775. V. encore ceux des 18 décembre 1774, 15 septembre et 31 octobre 1776, 11 mai 1780 et 16 juillet 1784.

Des indemnités dues à raison des dégâts commis par les lapins dans les terres adjacentes aux forêts du roi ;

Des contraventions aux règlements sur les battues aux loups[1].

Dans certaines provinces, ils connaissaient des crimes et délits commis par les fermiers pour se maintenir en possession des biens affermés[2], ainsi que des crimes, abus et désordres commis par les bergers[3].

Ils connaissaient encore de toutes les contraventions aux règlements sur le commerce des grains, soit par terre, soit par mer[4].

Ils étaient chargés de tenir la main à ce que les règlements sur l'industrie fussent appliqués par les juges des manufactures ; ils avaient même pouvoir de prononcer eux-mêmes les amendes et autres peines en cas de négligence de la part desdits juges[5].

Des règlements spéciaux avaient été faits sur la fabrication des draps de Sedan[6], sur la marque des étoffes de laine[7] et des toiles peintes de fabrication française[8], sur la fabrication du papier[9], de la porcelaine[10] et des soudes de varech[11]. La connaissance de toutes les contraventions appartenait aux intendants, sauf appel au Conseil.

D'autres règlements contenaient des prohibitions d'entrée ou de sortie pour certaines marchandises. Ainsi étaient prohibées à l'entrée les étoffes des Indes[12], les toiles peintes[13], les toiles de

[1] Arrêts du Conseil des 28 février 1773 et 15 janvier 1785.

[2] Par exemple, dans le Cambrésis (arrêt du Conseil du 25 novembre 1724), dans la Picardie et l'Artois (arrêts du Conseil des 25 mars 1724, 1er octobre 1732, 10 octobre 1747), dans la généralité de Soissons (arrêt du Conseil du 25 mars 1747). Le dernier de ces arrêts rendait les communes responsables de toutes violences commises sur leur territoire.

[3] Par exemple, dans la généralité de Soissons (arrêts du Conseil des 25 mars 1724, 21 mars 1747, 14 septembre 1751).

[4] Arrêts du Conseil des 23 décembre 1770, 14 février, 29 octobre et 31 décembre 1773, 25 avril 1774, 12 octobre 1775.

[5] Arrêts du Conseil des 27 juillet 1670, 18 novembre 1673, 10 décembre 1685, 6 mars 1736.

[6] Arrêt du Conseil du 19 septembre 1718.

[7] Arrêts du Conseil des 7 décembre 1784 et 7 décembre 1786.

[8] Arrêts du Conseil des 19 janvier et 26 mars 1786.

[9] Arrêts du Conseil des 27 janvier 1739 et 24 juin 1772.

[10] Arrêts du Conseil des 15 février 1766 et 16 mai 1784.

[11] Arrêt du Conseil du 27 mai 1738.

[12] Arrêts du Conseil des 11 juin 1714, 28 août 1717, 27 septembre 1719, 20 mai 1720, 10 juin et 8 juillet 1721, 5 juillet et 14 septembre 1723, 1er février 1724.

[13] Arrêts du Conseil des 13 août 1772, 20 juin et 21 novembre 1775

coton et mousselines[1]; à la sortie, les chiffons, les vieux fers, les cendres, salins et potasses[2]. C'étaient encore les intendants qui jugeaient des contraventions, sauf appel au Conseil.

La police des ouvriers et des manufactures avait aussi ses règlements. Ainsi, les ouvriers ne pouvaient émigrer, sans permission, hors du royaume[3]. Il leur était interdit de s'approprier et de vendre à leur profit les déchets des manufactures[4]. Il était également défendu d'exporter des métiers propres à la fabrication[5]. Ici encore les intendants étaient juges de toutes les contraventions, sauf appel au Conseil. Ils connaissaient aussi des contestations entre les maîtres de forges, relativement à l'embauchage des ouvriers[6].

Enfin ils connaissaient des contestations relatives aux comptes rendus par les syndics des jurandes et au droit d'exercer la maîtrise[7].

Certains règlements généraux ou particuliers avaient donné aux intendants le pouvoir de juger quelques contraventions de police, qu'il est difficile de faire entrer dans une des catégories déjà parcourues. C'est ainsi qu'ils connaissaient des contraventions à la défense d'introduire dans le royaume des bouteilles et carafons de verre n'ayant pas le poids et la jauge prescrits[8]. Ils statuaient sur toutes atteintes portées au privilége de la *Gazette de France*[9], ainsi qu'aux droits des médecins et chirurgiens jurés du roi[10]. Ils avaient, par concurrence avec les juges de police, le droit de punir ceux qui jouaient à des jeux défendus[11]. En Flandre, l'intendant jugeait les contestations qui pouvaient s'élever entre les communes sur l'obligation de supporter les frais de l'entretien des indigents dans les maisons de secours[12].

1 Arrêt du Conseil du 10 juillet 1785.
2 Arrêts du Conseil des 21 août 1771, 18 novembre 1720, 10 fév. 1780.
3 Ordonnance du 19 novembre 1765; arrêt du Conseil pour le Hainaut en 1763, pour la Flandre en 1783.
4 Arrêt du Conseil du 14 mars 1784.
5 Arrêt du Conseil du 5 mars 1779.
6 Arrêts du Conseil des 27 décembre 1729 et 4 août 1786.
7 Arrêts du Conseil des 30 juin 1785 et 25 mars 1755.
8 Arrêts du Conseil des 8 mars et 29 novembre 1735.
9 Arrêt du Conseil du 23 décembre 1724.
10 Édit de février 1692; arrêt du Conseil du 2 septembre 1692.
11 Arrêt du Conseil du 15 janvier 1691.
12 Arrêt du Conseil du 17 octobre 1750.

Il nous reste enfin à signaler une attribution très-remarquable et qui se rattache naturellement aux fonctions des intendants considérés comme officiers de police. Nous voulons parler de la surveillance sur les cultes dissidents.

L'article 6 du mois d'août 1553 portait : « Les maîtres des requêtes s'informeront, par les lieux où ils passeront, de la vie et de la doctrine des manants et habitants desdits lieux, et, s'il y en a aucuns malsentants de la foi, sans nuls épargner, de quelque qualité qu'ils soient, et de la diligence que les juges, tant ecclésiastiques que séculiers, font de les punir et de les corriger. »

La révocation de l'édit de Nantes en 1685, entraîna contre les protestants une série de mesures d'une extrême rigueur, dont l'exécution fut partout confiée aux intendants. On peut en voir le détail, bien connu d'ailleurs, dans les Mémoires de M. de Basville, intendant du Languedoc. Bornons-nous à rappeler qu'en vertu des édits, et notamment de la déclaration du 14 mai 1724, les intendants connaissaient du crime d'apostasie imputé aux nouveaux convertis, et avaient le droit, dont ils usèrent largement, d'envoyer aux galères les hérétiques relaps.

Les biens des fabriques protestantes furent rendus aux fabriques catholiques ou réunis au domaine. Ceux des religionnaires fugitifs furent mis sous le séquestre en vertu d'édits qui servirent évidemment de modèle à la législation de 1792 sur les biens des émigrés[1]. Toutes contestations relatives à la régie de ces biens, à la liquidation des dettes, au remboursement des rentes, furent attribués aux intendants[2], sauf appel au Conseil. Les questions de propriété restèrent de la compétence des tribunaux, mais furent soumises à un examen préalable de la part de l'intendant.

Quant aux religionnaires restés en France, il leur était défendu de vendre leurs biens sans autorisation de l'intendant[3].

Les juifs établis en Alsace étaient soumis à une surveillance administrative toute particulière. Il leur était interdit d'acquérir des maisons, de s'assembler, d'élire des syndics, de s'imposer, sans l'autorisation de l'intendant[4].

[1] Arrêts du Conseil de janvier et mars 1688; édit de décembre 1689 ; arrêts des 20 juillet 1700, 23 octobre et 8 décembre 1703, 14 septembre 1745, 1er janvier 1779.

[2] Arrêt du Conseil du 28 février 1714.

[3] Déclaration du 5 mai 1699.

[4] Lettres patentes du 10 juillet 1784.

Telles étaient en matière administrative et particulièrement en matière contentieuse les attributions des intendants. Nous examinerons dans un prochain article l'origine et l'étendue de la juridiction supérieure du Conseil d'État. Nous remonterons ensuite aux juridictions bien plus anciennes des Chambres des comptes et des Bureaux des finances, des Cours des aides et des Élections. Nous essayerons enfin de montrer comment la juridiction administrative, violemment attaquée en 1789 et resserrée dans un cercle étroit par la loi du 7 septembre 1790, dépassa presque aussitôt les limites qui lui étaient imposées, et fut enfin rétablie dans presque toutes ses attributions anciennes par la loi du 28 pluviôse an VIII. Pour tracer exactement la limite qui sépare aujourd'hui la juridiction administrative de celle des tribunaux ordinaires, il est essentiel de bien comprendre ce que la Constituante de 1789 avait voulu détruire, et ce que le gouvernement consulaire a entendu restaurer.

ÉTUDES

SUR LES ORIGINES DU CONTENTIEUX ADMINISTRATIF EN FRANCE.

II.

LE CONSEIL D'ÉTAT[1].

I.

Les premiers rois Capétiens étaient aidés dans l'exercice de leur pouvoir par une cour féodale, qui remplissait à la fois les fonctions de Conseil d'État et de Cour de justice. Au treizième siècle, et probablement sous le règne de saint Louis, cette Cour se divisa en deux sections : l'une pour l'administration et le gouvernement, ce fut le *Conseil;* l'autre pour la justice, ce fut le *Parlement*[2].

Une division analogue s'opéra bientôt après dans le sein du Parlement. Ce fut l'origine de la Chambre des comptes, d'où sortirent plus tard la Chambre du trésor et la Cour des monnaies. Nous n'avons pas à nous occuper ici de ces diverses juridictions, auxquelles nous consacrerons un autre article.

« Du commencement, dit Pasquier[3], le Conseil n'étoit fondé en jurisdiction contentieuse, car telles matières étoient réservées pour la connoissance de la Cour de Parlement, ains seulement

[1] Les principaux ouvrages à consulter sont : *Histoire du Conseil du roi depuis le commencement de la monarchie jusqu'à la fin du règne de Louis le Grand, par rapport à sa juridiction, avec un recueil d'arrêts de ce tribunal pour en connaître la jurisprudence, et servir de préjugé sur différentes matières*, par Me Guillard, avocat au Conseil du roi ; Paris, 1718, in-4° ; — l'article *Conseil d'Etat*, par Merlin, dans le 2e volume du *Traité des offices* de Guyot. Paris, 1786, in-4°.

[2] V. *Essai historique sur l'organisation judiciaire et l'administration de la justice depuis Hugues Capet jusqu'à Louis XII*, par M. Pardessus. Paris, 1851, in-8°.

[3] *Recherches sur la France*, liv. II, chap. VI. De l'établissement du grand Conseil et promotion d'icelui, et de celui qui, depuis, fut appelé Conseil privé.

connoissoit de la police générale de la France, concernant ou le fait des guerres, ou l'institution des édits, dont la vérification appartenoit au Parlement. »

Mais en instituant les Parlements et en leur déléguant une partie du pouvoir judiciaire, le roi, source de toute justice, ne s'était pas dépouillé du droit de juger, soit seul, soit avec son Conseil [1]. De là l'usage d'évoquer au Conseil les affaires importantes. L'évocation était ou spéciale ou générale. Tantôt le roi évoquait un procès actuellement pendant au Parlement ou devant une autre juridiction; tantôt il attribuait au Conseil, d'avance et par mesure réglementaire, toute une catégorie de contestations [2]. L'usage des évocations devint de plus en plus fréquent, et souleva des réclamations nombreuses. Des lettres du 22 juillet 1370, adressées au Parlement, interdirent l'évocation pour les *petites causes*, mais ce remède n'était pas de nature à faire disparaître le mal.

Ainsi le roi et son Conseil continuèrent à juger au fond un assez grand nombre d'affaires [3]; ils statuaient en outre, comme le fait aujourd'hui la Cour de cassation, sur les règlements de juges et la violation des ordonnances [4]. Il fallait bien, en effet, qu'une autorité supérieure fît cesser les conflits entre les Cours souveraines, ou cassât les arrêts souverains rendus en violation des lois. Cette autorité ne pouvait être que celle du roi en son Conseil.

La multiplicité de ces attributions purement judiciaires conduisit, vers la fin du quinzième siècle, à une division dans le sein du Conseil. Une section particulière en fut détachée, sous le nom de grand Conseil, et définitivement organisée en Cour de justice par deux ordonnances, l'une de Charles VIII (2 août 1497), et l'autre de Louis XII (13 juillet 1498). Son ressort comprenait tout le royaume. Elle connaissait des affaires évoquées par le roi et des conflits de juridiction entre les Cours souveraines.

[1] V. Pardessus, *Essai sur l'organisation judiciaire*, p. 142 et s.

[2] V., par exemple, l'ordonnance du 6 août 1349, sur les foires de Brie et de Champagne.

[3] Après l'expulsion des Anglais par Charles VII, les partisans du roi qui avaient été dépouillés par les Anglais furent réintégrés dans leurs biens. Tous les procès relatifs à ces restitutions furent évoqués au Conseil. V. Pasquier.

[4] Ordonnance du 25 mars 1302, article 12.

Quelques années plus tard, les Parlements ayant essayé de résister à l'enregistrement du concordat, François Ier attribua au grand Conseil la connaissance de la plupart des affaires bénéficiales. Plusieurs ordres monastiques, et notamment l'ordre de Cluny, avaient ainsi leurs causes commises au grand Conseil [1].

L'institution du grand Conseil, comme celle des Parlements, avait eu pour but de réduire le Conseil du roi à ses attributions purement politiques et administratives, mais cette seconde tentative ne réussit pas mieux que la première. Elle ne pouvait même pas réussir. En effet, le grand Conseil n'aurait pu rester Cour régulatrice qu'à la condition de ne pas se séparer de la personne du roi. Le jour où il avait été érigé en Cour souveraine avec une juridiction propre et des officiers particuliers, il avait perdu par le fait même l'autorité que lui communiquait la présence du roi, source de toute justice. Les recours au roi ne pouvaient être examinés que par le roi en son Conseil, et ils pouvaient toujours être formés même contre les arrêts du grand Conseil. Peu à peu, le grand Conseil descendit au rang de tribunal d'exception, tribunal dont l'inutilité n'était pas contestée, mais que le gouvernement conservait par politique, pour amoindrir l'autorité du Parlement de Paris. Ses attributions de Cour suprême passèrent au Conseil d'État.

« Le chancelier Guillaume Poyet, dit Pasquier [2], qui avoit été nourri dès le berceau à façonner les procès, apporta au Conseil privé tant de chicaneries, que combien qu'auparavant lui on ne traitât en ce lieu que matières d'État, si est ce qu'il commença de prêter l'oreille aux parties privées pour matières mêmement qui se doivent décider dans un Châtelet de Paris ou une cohue de Rouen. Laquelle coutume depuis eut grande vogue sous le roi Henri II. Tellement que cela a introduit gens à la suite de la Cour, qui font acte de procureurs et avocats en ce Conseil tout ainsi qu'aux simples juridictions subalternes. Voire et y ont été quelquefois taxés les dépens par les maîtres des requêtes : coutume véritablement indigne de ce grand tribunal de la France. A

[1] V. Ferrière, *Dictionnaire de droit et de pratique*, Paris, 1762, au mot *Grand Conseil*, et le discours prononcé à l'audience de rentrée de la Cour de cassation, le 3 novembre 1854, par M. de Royer, procureur général.

[2] *Recherches sur la France*, liv. II, chap. VI.

cause de quoi messire François Olivier ayant été rappelé à l'administration de son état de chancelier sur l'avénement du roi François II à la couronne, la première chose qu'il eut en recommandation fut d'exterminer du Conseil privé toutes telles manières de procès, renvoyant chacun en sa chacune. Ce qui a été depuis son décès très-religieusement observé par son successeur, messire Michel de L'Hôpital. Si ne sauroit-on si bien faire que l'on n'en épuise ce lieu tout à sec [1]. »

Mais les efforts d'Olivier et de L'Hôpital furent impuissants. La juridiction du Conseil d'État s'étendit tous les jours, sous Charles IX et Henri III, en dépit des règlements qui prescrivaient de renvoyer les affaires contentieuses aux juges compétents pour en connaître. Elle prit encore un nouvel accroissement au commencement du dix-septième siècle. Nous trouvons les causes de ce changement décrites dans un traité du Conseil d'État, composé en 1632 pour le chancelier de Marillac, par Lefebvre d'Ormesson, membre du Conseil [2]. « La misère des troubles, dit d'Ormesson, la qualité des affaires, les nouvelles érections, les grandes fermes et le ménage des finances ont obligé et obligent tous les jours de retenir au Conseil plusieurs causes qu'il seroit malaisé de juger ailleurs, les évocations des procès et les règlements de juges, les plaintes contre les arrêts donnés aux Cours souveraines pour plusieurs causes portées par les ordonnances et par un long usage qui paroît et est rapporté par le règlement de l'an 1320... toutes lesquelles affaires et semblables matières concernant

[1] Voici cependant ce qu'on lit dans un Mémoire anonyme présenté au chancelier sous le règne de Louis XIII : « Anciennement, pour le Conseil des rois, hors les grandes affaires qui touchoient l'État, il n'y avoit que le sceau où assistoient MM. les maitres des requêtes pour juger ce qui se présentoit. Depuis, monseigneur le chancelier de L'Hospital..., connoissant que les Parlements et autres Cours souveraines commençoient ou à cause de la vénalité des offices et trop grand nombre d'officiers ou autrement à diminuer de leur ancien lustre et intégrité, établit une forme de Conseil autre qu'elle n'avoit point été auparavant pour recevoir les plaintes qui se faisoient, et parce que quelquefois il pouvoit échoir de la contestation et qu'il falloit régler pour instruire les causes, il commit quatre ou cinq des plus capables secrétaires du roi pour postuler et faire la charge d'avocat. » Bibliothèque impériale, Mss. Fonds Saint-Germain Harlay, n° 83.

[2] Bibliothèque impériale, Mss. Fonds de la Sorbonne, n° 1080, f° 57 et s. V. aussi le Ms. n° 9474.

l'ordre des juridictions, qui par nécessité doivent être jugées et ne le peuvent être ailleurs, y attirent encore des causes en grand nombre. »

Il y avait en effet nécessité, comme le dit d'Ormesson, car les Parlements refusaient de se conformer aux arrêts du grand Conseil, et l'intervention de ce dernier corps ne faisait qu'ajouter un conflit à un autre. Il fallait toujours en revenir au roi. « Cela, ajoute d'Ormesson, a obligé le Conseil d'État de connoître directement de ces matières. M. le chancelier de Bellièvre fut le premier qui de notre temps, en l'année 1600, fit retenir ces sortes d'affaires au Conseil. »

En même temps que la nécessité transférait du grand Conseil au Conseil d'État les attributions de Cour suprême, la raison d'État le transformait en tribunal d'exception. Voici ce qu'on lit dans un règlement du Conseil, du 21 mai 1615 :

« La multitude des causes qui ont été et sont encore au Conseil du roi est provenue de diverses occasions qui se peuvent représenter en peu de mots :

« Premièrement, à cause des troubles et des articles qui ont été accordés par le feu roi à plusieurs princes, seigneurs, gouverneurs de places, villes et communautés, la connoissance desquels et de tous différends qui pouvoient survenir à l'occasion d'iceux a été réservée au Conseil de S. M., comme il étoit lors nécessaire d'en user ainsi.

« Deuxièmement, les édits et déclarations faits pour ceux de la religion prétendue réformée ont été cause de retenir et juger plusieurs procès et différends au Conseil du roi.

« Troisièmement, en tous les baux à ferme qui ont été faits du temps du feu roi pour les gabelles, aides et généralement en tous les traités qui ont été faits pour les affaires de finances de S. M., il y a toujours eu réserve de tous les différends qui survien-droient pour l'exécution desdits baux et traités pour être jugés au Conseil du roi. Ce néanmoins, le roi veut et entend que la connoissance de tous les différends qui pourroient survenir en l'exécution des édits et déclarations de S. M. qui souloient être traités en son Conseil, soit renvoyée aux Cours de Parlement ou autres Cours où les édits auront été vérifiés pour être jugés et terminés conformément à ce qui est ordonné par lesdits édits ; que toutes les causes qui pourroient être entre les fermiers et leurs sous-fermiers ou autres, pour raison des baux à ferme ou traités faits pour les affaires de finances de S. M. soient renvoyées ès Cours des aides pour y être jugées et décidées suivant le contenu des baux et traités, sinon qu'il fût question des droits du roi qui pourroient être perdus ou diminués par la collusion ou mauvaise conduite desdits fermiers et sous-fermiers, auquel cas il est besoin d'en retenir connoissance, et a toujours été ainsi usé pour le fait des finances de S. M. »

L'institution des intendants et commissaires départis ne contribua pas peu à l'extension de la compétence du Conseil d'État, qui devint juge d'appel à leur égard.

Ainsi, à l'avénement de Louis XIV, le Conseil d'État remplissait déjà le double rôle de Cour suprême de justice et de tribunal du contentieux administratif. A ce dernier titre il jugeait, soit en première instance, soit en appel, mais toujours en dernier ressort.

Cette double juridiction ne s'était pas établie sans difficultés. Les réclamations du grand Conseil avaient été promptement écartées[1], mais les Parlements opposèrent une résistance plus puissante. Dès l'an 1615, le Parlement de Paris vient faire au roi ses remontrances; il demande : « Que la connoissance des affaires qui se traitent en votre Conseil soit réglée suivant vos ordonnances, et la justice contentieuse réduite à la forme d'icelles[2]. »

En 1648, le 7 juillet, les Cours souveraines, réunies dans la Chambre de saint Louis, prennent la résolution suivante[3] : « Seront les articles 91, 92, 97, 98 et 99 de l'ordonnance de Blois exécutés; ce faisant toutes affaires qui gisent en matière contentieuse seront renvoyées au Parlement et autres Cours souveraines, auxquelles la connoissance en appartient par les or-

[1] Sous le règne de Louis XIII, le grand Conseil présenta au roi plusieurs requêtes pour être maintenu dans ses anciennes prérogatives. On lit dans une de ces requêtes : « Que si depuis quelques années on a introduit au privé Conseil les règlements de juges, tant entre les parlements qu'autres compagnies souveraines, chambres de l'Edit, présidiaux, prévôts des maréchaux et juges consuls, et les juges inférieurs des divers ressorts, c'est une nouvelle entreprise sur le vrai et ancien établissement du grand Conseil. » Bibliothèque impériale, Mss. Fonds Saint-Germain Harlay, n° 83.

[2] V. le *Recueil des anciennes lois françaises*, t. XVI, p. 61.

[3] V. le *Recueil des anciennes lois françaises*, t. XVII.

donnances, sans que par commissions particulières elles leur puissent être ôtées; toutes commissions contraires et extraordinaires, même évocations générales et particulières accordées aux fermiers ou traitants par leurs baux ou contrats dès à présent révoquées, et les procès pendants au Conseil du roi de la connoissance desdites Cours dès à présent renvoyés en icelles. Défenses aux parties de se pourvoir au Conseil pour raison de ce, à peine de nullité, et demeureront les parties y assignées déchargées des accusations qui leur seront données, et que les arrêts qui seront donnés esdites Cours ne pourront être cassés, révoqués ni sursis, sinon par les voies de droit permises par les ordonnances; et les maîtres des requêtes ne pourront juger en dernier ressort, quelque attribution qui leur en puisse être faite par lettres, arrêts ou autrement... »

Mais il faut surtout entendre les remontrances de l'avocat-général Talon [1] (août 1657) :

« Ce qui ne peut recevoir d'excuse, dit-il, ce qui choque l'observation des ordonnances est la rétention des causes au Conseil avec une facilité sans exemple; car, au lieu de juger les conflits de juridiction à naître dans les compagnies souveraines, et de renvoyer les affaires à ceux à qui la connoissance en appartient, l'on ordonne que les parties ajouteront à leurs productions. Ainsi, l'on forme insensiblement un tribunal ordinaire dans le Conseil qui se déclare compétent dans toute sorte de matières. L'on y juge des appellations comme d'abus, des contestations entre les évêques et les chapitres, des différends concernant les droits domaniaux et l'établissement des péages, et l'on prétend que tout ce qui dépend des traités faits avec le roi, ou qui regarde les titres des charges pour en ordonner l'établissement ou la suppression, est de la juridiction du Conseil privativement à tous autres juges, *maximes très-périlleuses*, et qui vont à introduire toutes sortes d'impositions nouvelles par de simples arrêts du Conseil, si elles ne sont tempérées par une interprétation raisonnable. »

L'exercice même du droit de cassation soulevait des plaintes réitérées. Ainsi, en 1658, l'avocat général Talon fut chargé de

[1] V. le *Recueil des anciennes lois françaises*, t. XVII, p. 343.

porter au chancelier les doléances du Parlement *sur la fréquence des cassations qui se demandent au Conseil, contre des arrêts qui subsistent par leur propre poids et par l'équité de leur décision* [1].

Le gouvernement faisait droit à ces remontrances par des règlements qui renvoyaient aux cours souveraines les affaires contentieuses portées au Conseil. Mais ces règlements ne furent jamais observés. « Le souverain qui les avait portés, dit Merlin [2], conserva le pouvoir d'y déroger, et ce pouvoir il l'exerça toutes les fois que les circonstances lui parurent l'exiger. » Au dix-septième siècle, le gouvernement établit nettement ses intentions à cet égard pour couper court à toute discussion ultérieure. Le 19 octobre 1656, un arrêt du Conseil cassa divers arrêts du Parlement de Paris attentatoires à l'autorité du Conseil d'État et des maîtres des requêtes. On y voit « que cette entreprise du Parlement tendant à s'établir un pouvoir illimité et à s'élever au-dessus des conseils du roi, mandant les officiers qui ont l'honneur d'y être admis, pour rendre compte audit Parlement de ce qui se passe dans lesdits Conseils, ruinoit entièrement non-seulement la fonction de leurs charges et l'autorité du roi, mais détruisoit l'ordre de la monarchie observé par tous les rois, qui ont trouvé nécessaire d'avoir auprès de leur personne un Conseil, par l'avis duquel ils pussent souverainement et de puissance absolue régler toutes les autres juridictions, les contenir dans leurs bornes, décider les différends qui naissent entre elles, pourvoir aux évocations de droit, donner des juges non suspects à leurs sujets et retenir à soi la connoissance des affaires dont ils ont voulu se réserver le jugement pour des considérations quelquefois importantes à l'État. »

Malgré cet arrêt, les Parlements voulurent continuer la lutte; mais lorsqu'après la mort de Mazarin Louis XIV eut pris lui-même les rênes du gouvernement, un de ses premiers soins fut d'imposer silence à la magistrature. Un arrêt du 8 juillet 1661, rendu par le Conseil d'Etat du roi, Sa Majesté y étant, mit fin à toutes les protestations [3]. « Sa Majesté, porte l'arrêt, a établi le

[1] V. les registres du Parlement cités par M. de Royer, discours précité p. 59.

[2] Dans le *Traité des offices* de Guyot, t. II, p. 209.

[3] V. cet arrêt dans Guillard, *Histoire du Conseil*, p. 171, et dans Merlin,

Conseil pour avoir l'œil sur toutes les autres juridictions, régler les différends qui naissent entre elles, empêcher que ses sujets ne soient contraints de traiter leurs affaires par devant des juges suspects, et retenir la connoissance de celles qui pour des raisons d'Etat ne doivent pas être terminées ailleurs. » En conséquence, l'arrêt enjoint « à toutes les compagnies souveraines, sous quelque nom qu'elle soient établies, de déférer aux arrêts de son Conseil, à peine d'encourir son indignation. »

Les Parlements obéirent, et la juridiction du Conseil s'exerça sans difficulté sérieuse jusqu'en 1789.

II.

Avant d'étudier la nature et l'étendue de cette juridiction, dont nous venons d'indiquer le principe et l'origine, quelques détails sont nécessaires sur l'organisation intérieure et la composition du Conseil [1].

Le Conseil était un et indivisible, puisqu'il n'avait pas de pouvoir propre, et que ses décisions étaient toujours censées émaner directement du roi. Mais pour l'expédition des affaires il se divisait en plusieurs sections. Sous Henri III, on distinguait le Conseil d'Etat ou des affaires étrangères, le Conseil des finances, et le Conseil privé ou des parties. Nous dirions aujourd'hui le Conseil des ministres, le Conseil d'Etat et la Cour de cassation.

Au commencement du dix-septième siècle, deux nouveaux Conseils furent institués sous les noms de Conseil du commerce et de Conseil des dépêches. Le Conseil d'Etat se trouva ainsi divisé en cinq sections, qui subsistèrent d'une manière à peu près permanente jusqu'en 1789.

La première section, appelée plus particulièrement Conseil d'Etat, et représentant ce que nous appelons aujourd'hui Conseil des ministres, n'avait aucune juridiction. Nous n'avons pas à nous en occuper. Le Conseil privé ou des parties représentait à

Traité des offices, t. II, p. 209. V. aussi M. de Royer, discours précité, p. 59.

[1] V. pour cette partie, Guillard et Merlin. V. aussi Chéruel, *Dictionnaire historique des institutions, mœurs et coutumes de la France*, 2 vol. in-12, Paris, 1855, au mot *Conseil d'État*.

peu près la Cour de cassation [1]. Il était présidé par le chancelier ou le garde des sceaux, et se composait en 1789 de trente conseillers, dont trois d'église, trois d'épée et vingt-quatre de robe. Les maîtres des requêtes y avaient entrée et voix délibérative, ainsi que les secrétaires d'Etat et le contrôleur général des finances. Au Conseil privé se rattachaient un bureau des requêtes chargé de l'examen préalable et de l'instruction des pourvois en cassation, et un Conseil de chancellerie pour les affaires du sceau.

Les Conseils des dépêches, des finances et du commerce correspondaient au Conseil d'Etat d'aujourd'hui.

Le Conseil des dépêches était à proprement parler le Conseil pour l'administration intérieure. Les rapports étaient faits par les secrétaires d'Etat, et les décisions expédiées par eux en forme de dépêches.

Le Conseil des finances décidait toutes les affaires relatives aux finances au rapport, soit du contrôleur général, soit d'un intendant des finances. A ce Conseil se rattachaient la grande et la petite direction, réunions moins solennelles, chargées de l'expédition des affaires de peu d'importance [2].

Enfin le Conseil du commerce décidait toutes les questions relatives au commerce et à l'industrie, au rapport d'intendants du commerce et en présence des députés des douze principales villes commerçantes du royaume. Ces trois derniers Conseils, des dépêches, des finances et du commerce, connaissaient ainsi des matières contentieuses qui rentraient dans leurs départements respectifs.

Il faut signaler aussi le Conseil des prises, institué par Louis XIV en 1659. Ce Conseil se composait comme les autres de conseillers d'État et de maîtres des requêtes, mais ses juge-

[1] On conserve aux Archives impériales 3,220 minutes d'arrêts du Conseil des parties (de 1570 à 1791), section judiciaire, série V. (Bordier, les *Archives de France*, p. 249.)

[2] On conserve aux Archives impériales (section administrative, série E), les arrêts du Conseil d'Etat rendus en finances ou sur requête. Ils sont rangés par ordre chronologique, de 1593 à 1791, dans 1683 portefeuilles, dont chacun renferme environ 400 arrêts. — La suite des arrêts émanés du Conseil des dépêches (même série), de 1611 à 1791, remplit 977 registres, dont chacun renferme environ 250 arrêts (Bordier, p. 92).

On peut voir, dans les *Mémoires* de Saint-Simon (t. IX, p. 45), des détails intéressants sur la composition et les attributions du Conseil des finances en 1710.

ments étaient intitulés au nom de l'amiral de France, et pouvaient être déférés au roi en son Conseil.

Il en était de même des commissions plus ou moins temporaires que le roi créait dans le sein du Conseil pour l'examen de certaines affaires, soit administratives, soit contentieuses. Ces commissions extraordinaires étaient au nombre de quinze en 1789 [1].

Trois sortes de personnes assistaient à ces Conseils, c'étaient les conseillers d'État, les maîtres des requêtes et les ministres.

Les conseillers d'État étaient au nombre de trente [2]. Ils se distinguaient en ordinaires ou semestres.

Les maîtres des requêtes étaient originairement des officiers chargés d'examiner les requêtes ou pétitions adressées au roi par ses sujets. Lorsque le Parlement fut détaché de l'ancienne Cour royale, une partie des maîtres des requêtes suivit le Parlement et forma la chambre des requêtes, l'autre partie resta attachée au Conseil.

Leur nombre n'était que de six en 1324 et de huit jusqu'en 1522. Mais des créations réitérées de nouveaux offices eurent lieu depuis cette époque. A l'avénement de Henri IV, il y avait quarante-six maîtres des requêtes ; on en comptait quatre-vingts en 1788.

Les maîtres des requêtes étaient en réalité des conseillers d'Etat de deuxième classe. Ils étaient spécialement chargés de rapporter les affaires dans les divers conseils. On sait que les intendants et commissaires départis étaient pris à peu près exclusivement parmi les maîtres des requêtes.

Les ministres étaient de plusieurs sortes. Il y avait d'abord les ministres d'État, c'est-à-dire les personnes autorisées par le roi à assister au Conseil des affaires étrangères. Venaient ensuite les quatre secrétaires d'État pour la maison du roi, la guerre, la marine et les affaires étrangères. Le ministre des finances portait le nom de contrôleur général et avait au-dessous de lui plusieurs intendants des finances, représentant les directeurs généraux. Le chancelier exerçait avec le garde des sceaux, les fonctions de ministre de la justice. Enfin, les intendants du com-

[1] Les papiers des commissions extraordinaires du Conseil se trouvent également aux Archives impériales (section judiciaire, série V). V. Bordier, p. 249.

[2] Règlement du Conseil de 1673.

merce et les directeurs généraux de certains services travaillaient avec le roi en son Conseil.

Ce qu'il est essentiel de bien remarquer à cet égard, c'est que les ministres n'avaient pas de pouvoir propre, ni, par conséquent, de juridiction. Responsables envers le roi seul, ils n'avaient qu'à proposer au roi et à son Conseil les décisions à prendre et à les faire exécuter quand elles étaient approuvées. Ils ne décidaient jamais rien par eux-mêmes. Tandis qu'aujourd'hui les ministres sont juges ordinaires du contentieux administratif en première instance, sauf recours au Conseil, avant 1789, ils ne pouvaient qu'instruire et rapporter au Conseil ces mêmes affaires. C'était le Conseil, ou plutôt le roi, qui les jugeait en premier et en dernier ressort.

Il faut cependant reconnaître que dans un grand nombre d'affaires l'intervention du Conseil était devenue de pure forme. « Tout ce qui s'appelle affaires de finances, dit Saint-Simon [1], taxes, impôts, droits, impositions de toute espèce, nouveaux, augmentation des anciens, régies de toutes les sortes, tout cela est fait par le contrôleur général seul chez lui avec un intendant des finances dont la fonction est d'être son commis, quelquefois avec le traitant seul. Si la chose est considérable à un certain point, elle est rapportée au roi par le contrôleur général seul, dans son travail avec lui tête à tête, tellement qu'il sort des arrêts du Conseil des finances qui n'ont jamais vu que le cabinet du contrôleur général, et des édits bursaux les plus ruineux qui de même n'ont pas été portés ailleurs, que le secrétaire d'État ne peut refuser de signer, ni le chancelier de signer et sceller sans voir, sur la simple signature du contrôleur général ; et ceux qui entrent au Conseil des finances n'en apprennent rien que par l'impression de ces pièces devenues publiques, comme tous les particuliers les plus éloignés des affaires. Cela se passait ainsi alors (en 1710) et s'est toujours continué de même depuis jusqu'à aujourd'hui. »

III.

Nous avons déjà dit que sous l'ancienne monarchie, le Conseil d'État exerçait à lui seul la juridiction qui se trouve aujourd'hui partagée entre la Cour de cassation, le Conseil d'État et les mi-

[1] *Mémoires de Saint-Simon*, t. IX, p. 46.

nistres. Nous essayerons de montrer quelles étaient ses fonctions, en le considérant d'abord comme Cour suprême et régulatrice, puis comme tribunal administratif.

Comme Cour suprême et régulatrice, le Conseil d'État avait plusieurs attributions principales, que la Cour de cassation exerce encore aujourd'hui. Il connaissait :

1° *Des demandes en évocation d'une Cour à une autre, pour cause de parenté ou alliance*[1]. Ces demandes répondaient à ce que nous appelons aujourd'hui demandes en renvoi pour cause de suspicion légitime. Elles étaient fréquentes alors, à cause de la vénalité des charges de magistrature. Il n'était pas rare qu'un plaideur eût un grand nombre de parents ou d'alliés dans une même Cour.

2° *Des demandes en règlement de juges*[2], tant au civil qu'au criminel. La rivalité des cours souveraines, l'intérêt pécuniaire qu'elles avaient à étendre leur juridiction, dont les limites n'étaient pas toujours bien marquées, rendaient ces sortes d'affaires plus fréquentes qu'elle ne le sont aujourd'hui.

L'attribution générale des règlements de juges au Conseil d'État souffrait toutefois une exception remarquable. Les conflits de juridiction entre les parlements et les présidiaux, soit en matière civile, soit en matière criminelle, se portaient au grand Conseil[3]; c'était un des cas exceptionnels où le grand Conseil n'avait pas été dépouillé de sa juridiction supérieure au profit du Conseil d'État. Il se présentait d'ailleurs fréquemment. On sait que les présidiaux avaient été institués sous Henri II, avec pouvoir de juger en dernier ressort jusqu'à un taux déterminé. Les Parlements subissaient avec peine cette loi, qui réduisait leurs attributions et prétendaient souvent recevoir les appels des jugements rendus par les présidiaux en dernier ressort.

C'était aussi au grand Conseil que se portaient les conflits entre les lieutenants criminels et les prévôts des maréchaux, c'est-à-

[1] V. les ordonnances d'août 1669 et d'août 1737.

[2] V. les mêmes ordonnances d'août 1669 et d'août 1737.

[3] Ordonnance de Moulins (1566); déclaration du 27 décembre 1574, art. 1 et 2; ordonnance d'août 1669, titre III, art. 6; ordonnance d'août 1737, titre II, art. 26; lettres patentes de janvier 1768, titre XII, art. 1er; édit de novembre 1774, art. 10; édit de juillet 1775, art. 1er. Cette attribution fut supprimée par l'art. 20 de l'édit d'août 1777.

dire entre la juridiction criminelle ordinaire et la juridiction prévôtale [1].

3° *Des demandes en cassation en matière civile ou criminelle*, pour contravention expresse aux lois, c'est-à-dire, suivant les cas, au droit romain, aux coutumes ou aux ordonnances, ou même pour injustice évidente. Alors, comme aujourd'hui, la cassation était considérée comme une voie de recours extraordinaire. Les griefs qui pouvaient y donner ouverture se trouvent très-clairement exposés dans deux remarquables mémoires présentés au roi Louis XV, en 1762, par MM. Gilbert de Voisins et Joly de Fleury [2].

Du reste, les demandes en cassation étaient moins fréquentes alors qu'elles ne le sont aujourd'hui, ce qui tenait sans doute à ce que les arrêts des Parlements n'étaient pas motivés, et offraient, par conséquent, moins de prise à la critique. A la vérité, le Conseil pouvait demander au Parlement les motifs de l'arrêt attaqué, mais ce n'était là qu'une mesure extraordinaire et exceptionnelle.

Les pourvois en cassation étaient surtout plus rares en matière criminelle, ce qui pouvait tenir à plusieurs causes. Ainsi, ces pourvois n'étaient pas, comme aujourd'hui, dispensés de la consignation d'amende et des frais; la procédure tracée par l'ordonnance de 1670 était bien moins hérissée de nullités que la procédure actuelle devant le jury; quant aux peines, elles étaient laissées à l'arbitraire du juge; enfin, les condamnés préféraient se pourvoir en révision.

Les requêtes en cassation des jugements de compétence et des procédures criminelles des prévôts des maréchaux et des présidiaux se portèrent pendant longtemps au grand Conseil [3]. Cette attribution fut donnée au Conseil d'Etat dès le commencement du dix-huitième siècle [4], puis rendue au grand Conseil par lettres patentes du 11 janvier 1768.

[1] Ordonnance de janvier 1629, art. 69; ordonnance d'août 1669, titre III, art. 7; ordonnance d'août 1737, titre III, art. 7.

[2] Il est à regretter que ces Mémoires n'aient pas été publiés. M. Henrion de Pansey en a cité de longs passages dans son *Traité de l'autorité judiciaire*.

[3] Déclaration du 23 septembre 1678. V. Bornier sur l'ordonnance de 1670, tit. XVI, art. 8.

[4] V. le règlement du Conseil de 1738, première partie, tit. V.

Après cassation, le Conseil renvoyait en général à une autre Cour pour juger au fond. Quelquefois cependant il retenait l'affaire et la jugeait par voie d'évocation.

4° *Des demandes en contrariété d'arrêts.* Lorsqu'il s'agissait d'arrêts rendus par différents Parlements ou Cours souveraines, la compétence était restée au grand Conseil [1]; mais lorsqu'un des deux arrêts argués de contrariété émanait du grand Conseil, ou du Conseil d'État, ou d'une commission du Conseil, ou des requêtes de l'hôtel, la demande en contrariété se portait au Conseil d'État [2].

Aux termes du règlement de 1738, et à la différence de ce qui se pratique aujourd'hui, les demandes en contrariété d'arrêts n'étaient assujetties, ni aux délais, ni à la consignation d'amende, ni aux autres formalités prescrites pour les demandes en cassation [3].

5° *Des demandes en révision d'arrêts criminels* [4]. La voie de révision, bornée aujourd'hui à trois cas extrêmement rares, était ouverte autrefois à tous les condamnés. La demande en révision n'était assujettie, ni aux délais du pourvoi en cassation, ni à la consignation d'amende. Le condamné pouvait s'y prévaloir non-seulement des nullités de procédure, mais encore de toutes circonstances propres à établir sa non-culpabilité. Le Conseil statuait d'abord sur l'admissibilité de la demande; en cas d'admission, il la renvoyait devant la juridiction des requêtes de l'hôtel. Les maîtres des requêtes se faisaient apporter la procédure et donnaient un avis motivé, sur lequel il était définitivement statué par le roi en son Conseil. La connaissance du fond était ensuite renvoyée à une juridiction différente, le plus souvent aux requêtes de l'hôtel. C'est ce qui eut lieu dans la célèbre affaire Calas.

Comme tribunal administratif, le Conseil d'État avait une triple juridiction.

[1] Edit de septembre 1552 (Fontanon, t. II, p. 130); ordonnance de janvier 1629, art. 68; ordonnance d'avril 1667, tit. XXXV, art. 34; édit de juillet 1755, art. 1er.

[2] Règlement du Conseil de 1738, première partie, tit. VI.

[3] Règlement de 1738, première partie, tit. VI, art. 2. Cf. Code de procédure civile, art. 504.

[4] Ordonnance de 1670, tit. XVI, art. 8; règlement de 1738, première partie, tit. VII. Cf. les commentateurs sur ces articles.

Tantôt il jouait le rôle de pouvoir suprême, chargé, soit d'arrêter les entreprises de l'autorité judiciaire contre l'autorité administrative, soit de réprimer les excès de pouvoir des fonctionnaires de l'ordre administratif. Ce sont les attributions exercées encore aujourd'hui par le Conseil d'État considéré comme juge des conflits et comme Cour de cassation en matière administrative.

Tantôt il jugeait les recours contentieux formés devant lui contre les actes de l'autorité royale, ou les demandes en interprétation de ces mêmes actes. C'est là encore une des fonctions du Conseil d'État actuel.

Tantôt, enfin, il statuait comme juge d'exception et en vertu d'une attribution formelle, sur certaines contestations d'une nature particulière, et il y statuait, soit comme juge d'appel, soit même en premier et dernier ressort, vaste compétence répondant à celle qu'exercent aujourd'hui les ministres et le Conseil d'État délibérant au contentieux.

Essayons de faire connaître exactement ce triple pouvoir :

I. A une époque où le roi était à la fois juge suprême et souverain administrateur, et où il exerçait cette double fonction avec l'aide d'un seul et même Conseil, on conçoit facilement qu'il n'eût pas été institué de procédure particulière pour le cas de conflit entre le pouvoir judiciaire et le pouvoir administratif. Toute décision judiciaire, aussi bien que tout acte administratif, pouvaient être cassés par le roi en son Conseil, et non-seulement à la requête des parties intéressées, mais même d'office et de son propre mouvement. C'était le roi qui se saisissait lui-même, se faisait rendre compte de l'affaire et statuait en son Conseil, sans qu'aucun obstacle pût être opposé à l'exercice de sa souveraineté. Ce principe était tellement absolu que les arrêts même du Conseil rendus en l'absence du roi, bien que réputés émanés du roi, pouvaient cependant être cassés par le roi lui-même [1].

La procédure était expéditive. Il y a des exemples d'arrêts de Parlement cassés par le Conseil, le jour même où ils avaient été rendus [2].

II. Avant 1789, comme aujourd'hui, le roi en son Conseil

[1] V. le Mémoire de M. d'Aube sur les fonctions des intendants (p. 17), cité dans notre article sur les intendants, et le règlement du Conseil de 1738, première partie, tit. IV, art. 23 et 31.

[2] Voyez, par exemple, l'arrêt du Conseil du 21 juin 1718.

statuait sur les recours contentieux formés contre les actes de l'autorité royale ou en interprétation de ces mêmes actes. Toutefois ces recours étaient singulièrement simplifiés par la réunion de tous les pouvoirs dans la personne du roi, et par l'unité du Conseil.

Toute décision administrative émanée du roi en son Conseil, soit en matière contentieuse, soit en matière non contentieuse, ou même réglementaire, s'appelait indistinctement *arrêt du Conseil.* Toute partie qui n'avait pas été entendue dans l'instruction, et qui se prétendait lésée, était reçue à former opposition [1]. Si l'opposition était jugée recevable et fondée, le roi en son Conseil rendait un nouvel arrêt sans s'arrêter au premier, qui était considéré comme non avenu.

Aussi le dispositif des arrêts du Conseil se terminait par cette formule devenue de style : « le Roi en son Conseil... a ordonné et ordonne, etc., nonobstant toutes oppositions et appellations quelconques, dont, si aucunes interviennent, Sa Majesté s'est réservé la connaissance et à son Conseil. »

Les actes par lesquels le roi exerçait l'autorité législative, dont il était seul dépositaire, ne différaient guère des actes d'administration que par le nom et la formule. Tandis que les actes d'administration s'appelaient arrêts du Conseil, les actes législatifs s'appelaient ordonnances, édits, déclarations; les uns comme les autres étaient délibérés en Conseil et pouvaient être rapportés dans la même forme. De là une sorte de recours qui s'exerçait quelquefois devant le Conseil d'Etat contre de véritables dispositions législatives, et qui se jugeait avec les formes contentieuses. C'était l'équivalent de ce que nous appelons aujourd'hui le droit de pétition.

Enfin, le roi n'administrait pas uniquement en son Conseil. Un grand nombre d'actes de l'autorité royale, ceux de la juridiction gracieuse, étaient rendus sous la forme de lettres patentes, c'est-à-dire d'actes signés par un secrétaire du roi, et scellés en présence du chancelier ou garde des sceaux, assisté de deux maîtres des requêtes [2]. Toute Cour souveraine de justice avait sa

[1] V. le règlement du Conseil de 1738, première partie, tit. X.

[2] V. le *Dictionnaire de pratique* de Ferrière, au mot *Chancellerie.* Les archives de la grande chancellerie, de 1674 jusqu'en 1790, sont conservées aux Archives de l'Empire (section judiciaire, série V). V Bordier, p. 249.

chancellerie; mais la grande chancellerie de France était au-dessus de toutes les autres, de même que le roi en son Conseil était au-dessus du Parlement.

Parmi les lettres qui se délivraient à la grande chancellerie, il faut citer les lettres d'État, qui mettaient, pour un temps, les débiteurs à l'abri des poursuites de leurs créanciers, les lettres d'anoblissement, de légitimation, de naturalité, de réhabilitation; les abolitions, rétablissements, affranchissements, amortissements, priviléges, évocations, exemptions, dons, etc., et les provisions des offices vénaux.

Tous ces actes de la juridiction gracieuse du roi s'accordaient après examen, mais sans contestation et sur simple requête[1]. Toutes parties intéressées pouvaient s'adresser au Conseil pour demander le rapport des lettres ainsi obtenues.

Les contestations les plus fréquentes s'élevaient au sujet des provisions d'offices[2]. On sait que sous l'ancienne monarchie, une grande partie des fonctions publiques avaient été érigées en titre d'offices vénaux. Ces offices étaient une véritable propriété. Toutefois, la transmission ne pouvait en être faite qu'avec l'agrément du roi, qui accordait au cessionnaire des lettres de provision, au vu de la résignation faite par le cédant. Les précédents vendeurs, et tous autres créanciers du cédant, ne pouvaient conserver leurs droits sur l'office qu'au moyen d'oppositions formées entre les mains des garde-rôles de la chancellerie, et dont la validité se jugeait au Conseil.

Les offices pouvaient, en général, être saisis par les créanciers des titulaires, et adjugés en justice comme tous autres biens. Il y avait des offices, dont l'adjudication ne pouvait être poursuivie et le prix distribué qu'au sceau ou au Conseil.

Les demandes relatives à l'exécution des arrêts du Conseil, en matière contentieuse ou non contentieuse, se portaient devant le Conseil, à la différence des demandes relatives à l'exécution des édits et déclarations. Ces dernières devaient être portées aux Cours où lesdits actes avaient été enregistrés, à moins cependant que ces Cours n'eussent fait des modifications lors de l'enregistre-

[1] Règlement du Conseil de 1738, première partie, tit. II et III.

[2] V. le Dictionnaire de Ferrière, au mot *Offices*. V. aussi, par exemple, l'édit de février 1683 et la déclaration du 17 juin 1703.

ment, ou que les actes enregistrés ne continssent la réserve de compétence usitée pour les arrêts du Conseil.

Quant à l'interprétation, elle se gouvernait d'après les mêmes règles. Le roi en son Conseil était seul compétent pour interpréter les actes émanés de lui en matière administrative. Quant aux actes législatifs, on distinguait entre l'interprétation judiciaire qui appartenait aux Cours souveraines dans les procès portés devant elles, et l'interprétation générale et réglementaire. Celle-ci ne pouvait être donnée que par le législateur lui-même, c'est-à-dire par le roi en son Conseil[1].

III. Il nous reste à montrer maintenant le Conseil d'Etat, statuant au fond sur certaines affaires, comme aurait pu le faire un juge ordinaire, soit en appel, soit en premier et dernier ressort.

On a déjà vu que, dès les temps les plus reculés de la monarchie, le Conseil d'Etat connaissait, par évocation, d'un assez grand nombre d'affaires. Il n'est pas un seul règlement du Conseil qui ne prescrive le renvoi de ces affaires aux tribunaux ordinaires, sauf toutefois celles que la raison d'État commandera d'évoquer. Cette réserve, qui nous étonnerait aujourd'hui, ne faisait qu'exprimer un des droits les plus incontestables de la couronne. A la puissance législative et administrative, le roi joignait la puissance judiciaire. Le roi, disent les publicistes du dix-septième siècle, doit la justice à ses sujets et il la doit, autant que possible, par lui-même. En déléguant aux Parlements et autres juges une partie de son pouvoir, il n'a pas voulu, il n'aurait pas pu se dépouiller de sa prérogative.

La compétence du roi en son Conseil était donc illimitée en droit; et on pourrait donner de nombreux exemples de procès civils ou criminels, évoqués et jugés au Conseil d'Etat.

On comprend toutefois, qu'en fait, cette juridiction suprême se restreignît volontairement à certaines classes d'affaires. Il fallait

[1] Ordonnance civile du mois d'avril 1667, tit. Ier, art. 7 : « Si dans les jugemens des procès qui seront pendans en nos Cours de Parlement et nos autres Cours, il survient aucuns doutes ou difficultés sur l'exécution de quelques articles de nos ordonnances, édits, déclarations et lettres patentes, nous leur défendons de les interpréter, mais voulons qu'en ce cas elles aient à se retirer par devers nous pour apprendre ce qui sera de notre intention. »

de graves raisons pour qu'un procès fût évoqué et des plaideurs enlevés à leurs juges naturels. Aussi trouve-t-on ce principe général souvent répété dans les règlements, qu'à moins de circonstances extraordinaires, les seules affaires jugées au Conseil d'État doivent être les affaires de finances intéressant le roi. Cette attribution, dont nous avons déjà marqué l'origine, était constante. Les fermes des revenus publics s'adjugeaient au Conseil, et il était de style d'insérer dans les baux une clause d'évocation au roi en son Conseil de toutes contestations à naître [1]. Depuis le règne de Louis XIV, l'évocation eut lieu devant les intendants d'abord, et seulement en appel devant le Conseil d'Etat. Ainsi allèrent en s'amoindrissant de jour en jour les Cours des aides avec leurs officiers subalternes, les Chambres des comptes et les bureaux des finances. Les anciennes juridictions administratives, établies au quatorzième siècle dans la France féodale, ne suffisaient plus, dès le seizième, aux besoins de la centralisation.

Nous avons déjà montré, dans un précédent article, comment la compétence des intendants s'était formée et développée. Il suffit de rappeler ici que les appels de leurs ordonnances se portaient au Conseil ; mais il se présentait des cas dans lesquels il était d'usage d'attribuer compétence directement au Conseil, ou à des commissions du Conseil. Nous allons essayer de ramener les faits à quelques règles générales, et de montrer comment, dans la pratique, le roi usait de son droit absolu d'évocation.

[1] Le règlement du Conseil de 1579 porte que nonobstant la clause attribuant au Conseil la connaissance des oppositions à intervenir, les procès soulevés par les édits seront portés devant les juges ordinaires, « fors en certains cas où l'on verra qu'il sera nécessaire de les retenir au Conseil, soit pour raison des partis qui ont été faits sur iceux avec le roi, ou pour autres particulières considérations. Toutefois en sera usé le moins que faire se pourra. » — Règlement pour les finances du 5 février 1611 : « Les fermes seront données et les différends pour choses concernant les finances seront jugés au Conseil d'Etat et des finances, *selon qu'il est accoutumé*. » — Règlement du Conseil du 3 janvier 1673, art. 76 : « Le Conseil ne connoîtra d'aucune affaire qui sera de la compétence des Cours pour les juger au fond, *si ce n'est par un ordre exprès de Sa Majesté* ; ni des affaires concernant l'exécution des édits, déclarations et lettres patentes, encore qu'elles n'aient été enregistrées aux Compagnies qui en sont compétentes, *à la réserve néanmoins des affaires des finances dans lesquelles Sa Majesté aura intérêt*, lesquelles pourront, s'il est jugé à propos, être retenues au Conseil... »

L'évocation la plus fréquente avait lieu en matière domaniale. On sait quelle importance le gouvernement attachait, sous l'ancienne monarchie, à la conservation du domaine, et les difficultés que présentait cette conservation. De là ces réformations périodiques, qui ont laissé une trace si profonde dans l'histoire de notre législation domaniale et forestière. Pour mener ces opérations à bonne fin, il fallait des agents à la fois dociles et respectés. On les trouvait dans le Conseil.

Ainsi lorsqu'en 1666 Colbert entreprit de réunir dans la main du roi tous les domaines engagés, une commission du Conseil fut nommée pour vérifier les titres de tous les engagistes, et liquider leurs finances d'engagement pour arriver à un remboursement général [1]. Il en fut de même quand le projet de Colbert fut repris en 1719 et en 1781 [2]. Toutes les contestations entre l'Etat et les engagistes, au sujet du remboursement ou de l'augmentation de la finance, furent attribuées à une commission du Conseil [3].

Dès le règne de Henri IV, un édit de janvier 1597 confia à des commissaires réformateurs le soin de visiter les forêts royales et de vérifier les titres des particuliers ou communautés prétendant avoir des droits d'usage [4]. Un grand nombre de ces usages devaient être supprimés moyennant une indemnité à laquelle le roi en son Conseil se réservait de pourvoir. Une nouvelle réformation eut lieu sous Louis XIV [5]. Elle dura huit ans et se termina par la publication de l'ordonnance des eaux et forêts, en 1669. Les titres des usagers furent de nouveau soumis à une vérification générale, dont les résultats furent arrêtés au Conseil de 1673 à 1675. Ce fut le Conseil qui régla les indemnités dues pour la suppression des usages en bois de charpente.

Les cours d'eau du domaine public étaient aussi l'objet de semblables mesures. Toutes les dépendances de ces cours d'eau, îles, atterrissements, alluvions, constructions et usines non autorisées, étaient ainsi réunies au domaine. L'opération était confiée à des commissions du Conseil, chargées de juger toutes les contestations. Des recherches de ce genre furent entreprises sur

[1] Edit d'avril 1667.

[2] Arrêts du Conseil du 23 décembre 1719 et du 14 janvier 1781.

[3] V. le Répertoire de Merlin, v° *Domaines*.

[4] V. le Répertoire de Merlin, v° *Bois*.

[5] Arrêt du Conseil d'octobre 1661.

toutes les rivières du royaume dès 1572. Elles furent reprises sous Louis XIV [1] et au dix-huitième siècle [2].

Le gouvernement faisait aussi périodiquement vérifier au Conseil les droits de péages et bacs prétendus sur les rivières et les routes. D'après l'ordonnance des eaux et forêts, le Conseil devait y procéder sur le rapport du contrôleur général des finances [3]. Un arrêt du Conseil du 29 août 1724 établit pour cet objet une commission spéciale. D'autres arrêts ordonnèrent la suppression de plusieurs péages et la liquidation des indemnités par le Conseil, au rapport du contrôleur général [4].

Un arrêt du Conseil du 21 avril 1739 créa une commission du Conseil pour la vérification générale de tous les droits de propriété que des particuliers prétendraient avoir sur les bords et rivages de la mer.

Il en était des droits domaniaux comme du domaine. Le gouvernement nommait de temps en temps des commissaires du Conseil pour en faire la recherche et recouvrer l'arriéré, pouvoir qui emportait le droit de juger toutes les contestations. Sous Louis XIV ces droits furent mis en ferme, et le contentieux attribué aux intendants en première instance et en appel au Conseil d'Etat [5].

Les mêmes raisons de convenance introduisirent l'usage de confier à des commissaires du Conseil l'exécution des mesures extraordinaires. C'est ainsi que l'ordonnance de 1669 sur les eaux et forêts prescrivit la vérification générale par le Conseil de tous les droits de justice prétendus par les capitaines des chasses [6]. Un arrêt du Conseil du 10 août 1768 ordonna la même opération pour les droits de minage que tous seigneurs ou particuliers prétendraient avoir sur les grains vendus, soit dans l'enceinte des halles et marchés, soit en dehors [7]. En 1775, le gouvernement

[1] Déclaration de mars 1664, édit d'avril 1668, déclaration d'avril 1683, édit de décembre 1693.

[2] Arrêt du Conseil du 14 mai 1786 pour la Garonne et la Dordogne.

[3] Ordonnance de 1669, tit. XXIX.

[4] Arrêts du Conseil des 10 mars 1771, 24 juin 1777 et 15 août 1779.

[5] V. notre article sur les intendants. Les droits domaniaux les plus importants étaient ceux d'amortissement, de franc-fief et de nouvel acquêt.

[6] Ordonnance de 1669, tit. XXX.

[7] V. encore arrêts du Conseil des 20 mars, 13 août 1775 et 8 février 1776.

supprima tous les priviléges de carrosses, messageries, coches et diligences d'eau concédés à des particuliers, pour les réunir à son domaine. Ce fut encore une commission du Conseil qu'on chargea de liquider les indemnités, au rapport du contrôleur général [1]. Enfin, à diverses époques, le gouvernement ordonna la recherche générale des usurpateurs de noblesse, et confia cette opération, en province aux intendants, à Paris à des commissaires du Conseil [2].

Plusieurs des opérations dont nous venons de parler entraînaient des liquidations générales d'indemnités. Cette seule circonstance aurait suffi pour les faire attribuer au Conseil d'Etat.

En effet, toutes les fois qu'une mesure financière nécessitait une liquidation générale de dettes à payer par le Trésor public, il était de règle de confier cette liquidation à une Commission prise dans le sein du Conseil. Le cas qui se présentait le plus fréquemment était celui de suppression d'offices. Cette suppression ne pouvant avoir lieu qu'au moyen du remboursement de la finance d'achat, une liquidation était nécessaire. Il suffit d'ouvrir le recueil des anciens arrêts du Conseil pour trouver des exemples de ces liquidations par commissaires. C'est ce qui eut lieu notamment en 1716 et 1717, après la mort de Louis XIV, lors de la suppression des offices inutiles créés pour la nécessité des guerres, et en 1771 lors de la suppression des Parlements [3].

Les mêmes moyens étaient employés périodiquement dans les moments de crise financière, quand le gouvernement songeait à éteindre, ou du moins à amortir la dette publique. Sans remonter jusqu'au temps de Sully et de Colbert, on peut citer les

[1] Arrêts du Conseil des 7 août, 11 décembre 1775 et 16 avril 1777.

[2] V., par exemple, déclaration du 16 janvier 1714.

[3] V., par exemple, les arrêts du Conseil des 26 mars et 12 juillet 1689, portant suppression des offices de receveurs des consignations; celui du 19 juin 1717, nommant la Commission chargée de liquider les finances des offices supprimés de maires et lieutenants de maires. L'édit du 21 avril 1771, art. 2, porte : « Seront tenus les propriétaires desdits offices de remettre dans le délai de six mois leurs quittances de finances et autres titres de propriété au contrôleur général de nos finances, pour être procédé en la forme ordinaire à la liquidation desdits offices et pourvu au remboursement d'iceux ainsi qu'il sera par nous ordonné. » On pourrait citer plus de mille arrêts de ce genre.

mesures prises après la mort de Louis XIV, après la chute du système de Law et lors de la guerre de Sept ans.

Louis XIV en mourant laissait la France grevée d'une énorme dette exigible. Les billets de la Caisse des emprunts, les titres de créance sur le Trésor public ne se négociaient plus qu'à 80 pour 100 de perte. Le gouvernement, auquel on conseillait de faire banqueroute, se contenta de prescrire la vérification et le visa de tous les titres de créance prétendus pour arriver au remboursement, non de la valeur nominale, mais de la valeur réellement fournie par les porteurs. Un délai fut imparti pour la production des titres à peine de déchéance, et des commissaires, pris dans le sein du Conseil, furent chargés de cette immense opération [1].

Après la chute du système de Law, en 1721, il fallut recourir à un expédient semblable. Un arrêt du Conseil du 26 janvier 1721 ordonna que tous les billets de banque, contrats de rente, actions de la Compagnie des Indes, etc., seraient représentés dans le délai de deux mois, à peine de déchéance, devant les commissaires du Conseil à Paris, et en province devant les intendants, avec déclaration de la valeur fournie, pour être lesdits billets vérifiés et visés [2].

Enfin, lors de la guerre de Sept ans, en 1758, un arrêt du Conseil ordonna que tous ceux qui se prétendraient créanciers de l'État à raison du service de la marine et des colonies produiraient leurs titres dans les trois mois à peine de déchéance, pour être lesdits titres examinés et vérifiés par une Commission composée de deux conseillers d'État et trois maîtres des requêtes. Cette opération se prolongea pendant plus de dix années [3].

Ces exemples suffisent pour montrer le principe traditionnel constamment suivi en pareil cas [4].

Les contestations relatives aux marchés de fournitures passés par l'État, et spécialement par l'administration de la guerre, for-

[1] V., par exemple, édit d'août 1715, déclaration du 7 décembre 1715, arrêt du Conseil du 1er mai 1717.

[2] V. les arrêts du Conseil des 30 janvier et 16 février 1721.

[3] Arrêt du Conseil du 18 octobre 1758.

[4] Il est remarquable, toutefois, que la Chambre de liquidation des dettes de l'État, créée par édit de décembre 1764, se composait de conseillers au Parlement et à la Chambre des comptes.

maient une autre catégorie non moins importante d'affaires habituellement évoquées au Conseil.

La compétence en cette matière appartenait originairement aux Cours des aides. Elle leur fut enlevée sous Louis XIV, et attribuée à une Commission du Conseil spécialement chargée de tout ce qui concernait les vivres de terre et de mer, les agrès, les étapes, les fourrages, les lits d'hôpitaux et les garnisons.

Plusieurs arrêts du Conseil, rendus en 1710[1], chargèrent cette Commission de connaître en dernier ressort de toutes les contestations élevées entre les munitionnaires généraux, leurs cautions, commis, traitants et autres, à l'occasion du service, de

[1] Arrêt du Conseil du 29 juillet 1710 : « Sur la requête présentée au roi en son Conseil par Pierre Moreau, chargé de la fourniture des vivres dans les provinces de Dauphiné, Provence, Savoye et Roussillon, pendant le quartier d'hiver 1708 et la campagne 1709, contenant que, par arrêts du Conseil des 4 février, 29 mars, 7 avril et 29 mai 1710, il a été ordonné que toutes les contestations concernant le service des vivres de Flandre, Allemagne, Espagne, Catalogne, Navarre et Roussillon, pendant les années 1706, 1707 et 1708, et encore celles concernant les vivres des armées de Flandre, Allemagne, la campagne dernière 1709, et de la fourniture du pain faite aux garnisons des départements de Flandre et Allemagne, depuis le 1er novembre 1708 jusqu'au dernier octobre 1709, seraient jugées en dernier ressort par le sieur de Nointel, conseiller d'État, et les autres commissaires y dénommés; et comme il importe à l'expédition des affaires et au bien du service que tous les différends qui regardent le service des vivres de Dauphiné, Provence, Savoye et Roussillon, soient portés devant les mêmes commissaires, le suppliant a sujet d'espérer que S. M. voudra bien leur donner l'attribution d'en connaitre... Vu ladite requête et lesdits arrêts du Conseil, ouï le rapport du sieur Desmarets, conseiller ordinaire au Conseil royal, contrôleur général des finances, S. M., en son Conseil, a ordonné et ordonne que toutes les demandes, prétentions et différends mus et à mouvoir, à l'occasion du service, achats et fournitures de quelque nature qu'elles puissent être, concernant les vivres de Dauphiné, Provence, Savoye et Roussillon, pendant le quartier d'hiver de 1708 et la campagne de 1709, seront portés devant les sieurs de Nointel, conseiller d'État, Le Pelletier Desforts, conseiller d'État, intendant des finances, Rouillé du Coudray et de Vaubourg, conseillers d'État, Fagon et de Nointel, maîtres des requêtes, que S. M. a commis et commet pour être par eux jugés en dernier ressort, leur en attribuant, à cet effet, toute Cour et juridiction, et icelle interdisant à toutes ses Cours et autres juges; et, en cas d'absence, maladie ou autres empêchements d'aucun desdits sieurs commissaires, veut S. M. que les autres puissent juger au nombre de quatre; fait défense aux parties de se pourvoir ailleurs, à peine de nullité, cassation de procédures et de tous dépens, dommages et intérêts. »

l'achat et des fournitures de toute espèce concernant la subsistance des armées pendant la guerre de la succession d'Espagne. Cette attribution exceptionnelle fut constamment renouvelée depuis, toutes les fois que la France fut en guerre, notamment par des arrêts du Conseil de 1719, 1720, 1733, 1734, 1735, 1741, 1749, 1755 et 1763.

« Cette Commission, dit Merlin [1], juge encore souverainement toutes les affaires qui intéressent la régie des étapes et convois militaires pour le compte du roi. Elle prononce aussi en dernier ressort sur les contestations qui s'élèvent entre des particuliers et des intéressés dans les vivres ou les régisseurs des étapes; mais ce n'est qu'après que le Conseil les lui a renvoyés en les évoquant des tribunaux ordinaires, ce qu'il fait toujours lorsque ces affaires se trouvent liées avec l'administration. »

Une autre classe d'affaires dévolues au Conseil d'Etat comprenait les affaires de la Compagnie des Indes. Créée par Colbert, supprimée en 1769, rétablie en 1785, la Compagnie jouit toujours du privilége de ne plaider que devant une Commission du Conseil [2]. Il en était de même des contestations soulevées à l'occasion des concessions de terre accordées à la Louisiane, et des contestations relatives à l'expédition dirigée sur la Chine en 1786 [3].

[1] *Traité des offices*, tome II, p. 290.

[2] Arrêt du Conseil du 31 décembre 1785 : « Le roi, ayant, par arrêt du Conseil du 14 avril 1785, portant établissement d'une nouvelle Compagnie des Indes, subrogé ladite Compagnie aux priviléges dont a joui jusqu'au 13 août 1769 l'ancienne Compagnie des Indes et de la Chine, S. M. a jugé nécessaire de donner à des commissaires de son Conseil la connaissance des contestations qui pourraient intéresser ladite nouvelle Compagnie, ainsi qu'elle l'avait attribuée pour les contestations concernant les priviléges et droits de l'ancienne Compagnie des Indes et de la Chine; à quoi voulant pourvoir, ouï le rapport du sieur de Calonne, conseiller ordinaire au Conseil royal, contrôleur général des finances : le roi, étant en son Conseil, a évoqué et évoque à soi et à son Conseil toutes les demandes et contestations nées et à naître au sujet de l'exécution de l'arrêt du 14 avril 1785 et autres subséquents, concernant les droits et priviléges de la nouvelle Compagnie des Indes; ce faisant, a renvoyé et renvoie la connaissance desdites contestations par-devant les sieurs de Boulogne et Lenoir, conseillers d'État, et les sieurs Colonia, Blondel et Boulogne de Nogent, maîtres des requêtes, qu'elle a commis et commet pour les juger en dernier ressort, au nombre de trois au moins, S. M. leur attribuant toute Cour, juridiction et connaissance, icelle interdisant à toutes ses Cours et autres juges. »

[3] Arrêt du Conseil du 29 janvier 1786.

Nous venons d'énumérer les cas d'évocation les plus fréquents et les plus considérables. On pourrait en citer bien d'autres encore. Ainsi, des Commissions du Conseil furent instituées en divers temps pour recevoir les comptes de la régie des économats [1], ainsi que des traités et affaires extraordinaires [2], pour liquider les dettes des communautés d'arts et métiers de Paris, et réviser leurs comptes depuis 1689 [3], pour juger les contestations relatives aux pensions d'*oblats*, c'est-à-dire aux pensions d'invalides militaires, mises par les ordonnances à la charge des bénéfices à nomination royale. En 1785, des règlements sévères interdirent l'agiotage des effets publics, et évoquèrent au Conseil toutes poursuites contre les agioteurs [4], mais ces affaires furent renvoyées aux tribunaux deux ans après [5].

Les bureaux des finances et les lieutenants de police avaient, sous l'ancienne monarchie, une juridiction exceptionnelle de première instance, mais les appels de leurs décisions se portaient au Parlement. Toutefois, à Paris, ces deux autorités étaient ordinairement chargées des attributions contentieuses données aux intendants en province ; en ce cas, l'appel de leurs décisions se portait au Conseil ; le lieutenant de police et les trésoriers de France étaient alors considérés comme commissaires du Conseil en cette partie [6].

Il y avait même un cas où les bureaux des finances de toutes les généralités jugeaient, sauf appel au Conseil ; c'était quand il s'élevait des contestations entre les receveurs ou payeurs, d'une

[1] Arrêts du Conseil des 12 janvier 1734 et 25 octobre 1754.

[2] Arrêt du Conseil du 16 décembre 1720.

[3] Arrêts du Conseil des 3 mars et 16 mai 1716, édit d'août 1776, art. 31 ; arrêt du Conseil du 16 janvier 1778.

[4] Arrêts du Conseil des 24 janvier 1785 et 22 septembre 1786.

[5] Arrêt du Conseil du 14 juillet 1787.

[6] Voy. les textes cités dans l'article sur les intendants. Voyez, en outre, pour la compétence du bureau des finances, l'arrêt du Conseil du 21 mars 1779, art. 7, ordonnant le curage de la rivière d'Armance ; pour la compétence du lieutenant de police, les arrêts du Conseil des 10 juin 1747 et 24 janvier 1758 sur les loteries, ceux des 26 décembre 1747 et 24 janvier 1758 sur le marché de la fourniture des chandelles pour l'éclairage de Paris, et enfin les arrêts du Conseil des 13 novembre 1785, 14 janvier et 16 février 1786, qui attribuent au lieutenant de police et à deux maîtres des requêtes, sauf appel au Conseil, la connaissance du contentieux des contributions des habitants de Paris.

part, et, d'autre part, les officiers ou pensionnaires, relativement au payement des gages ou pensions assignés sur les états du roi. Les commissions portées sur ces états étaient formelles à cet égard [1].

Le Conseil des prises n'était, à proprement parler, qu'une Commission du Conseil. Ses jugements pouvaient, dès lors, bien qu'intitulés au nom de l'amiral, être déférés, par appel, au roi en son Conseil. Ces appels étaient jugés en présence de l'amiral, et sur le rapport du secrétaire d'État de la marine [2].

Enfin, le Conseil d'Etat recevait les appels des sentences rendues par les capitaineries royales des chasses. La plus ancienne de ces capitaineries était celle du Louvre, créée par Henri IV, en 1597 [3]. Louis XIV créa celles de Versailles, des Tuileries, de Meudon, du bois de Boulogne, de Vincennes, de Monceaux, de Saint-Germain, de Fontainebleau et de Corbeil. Celles de Chantilly et de Compiègne furent établies sous Louis XV, et celle de Sénart sous Louis XVI. L'apanage d'Orléans comprenait cinq capitaineries royales, dont les appels se portaient également au Conseil. Cette compétence exceptionnelle avait été formellement réservée dans tous les édits de création. « Si la question est importante, dit Denizart, elle est jugée devant le roi au Conseil royal des dépêches. S'il y a une instruction criminelle à faire, ou des peines à prononcer, le Conseil renvoie aux requêtes de l'hôtel au souverain. »

Les exemples que nous venons de réunir, en essayant de les rattacher à quelques idées générales, suffisent pour montrer comment le gouvernement usait, avant 1789, de son droit absolu

[1] Voy. Gauret, *Style du Conseil*, Paris, 1700, p. 34.

[2] Lettres patentes du 20 décembre 1659; règlement du 9 mars 1695, article 15 : « Les appellations des ordonnances ainsi rendues par M. l'amiral et les commissaires seront portées et jugées au Conseil royal des finances, et M. l'amiral y assistera et y prendra le rang que sa naissance et sa charge lui donnent. » Art. 16 : « Le secrétaire d'État ayant le département de la marine rapportera seul, dans le Conseil royal, les affaires qui s'y portent par appel ou autrement, ensemble les oppositions ou autres incidents qui pourront survenir ; et les arrêts qui interviendront seront expédiés en commandement par le même secrétaire d'État ayant le département de la marine. » Mêmes dispositions dans tous les règlements subséquents.

[3] Lettres patentes des 15 mai 1597 et 9 mai 1656. V. Denizart, v° *Capitainerie*, et le règlement du Conseil de 1738, 1re partie, titre VIII.

d'évocation. Il ne faut pas perdre de vue qu'en cette matière, le gouvernement faisait ce qu'il voulait; il n'aurait eu garde de se lier les mains par des règles de compétence posées *à priori*. Les principes généraux que nous avons cherché à dégager de la masse des faits, par voie d'induction, n'ont donc qu'une valeur relative. Ils servent à exprimer ce qui se passait *ordinairement*, mais rien de plus.

Au commencement du quatorzième siècle, la noblesse de Champagne, alarmée des continuels envahissements de la juridiction royale, supplia le roi Louis X de vouloir bien déterminer les cas qui touchaient à sa royale majesté. « Nous les avons éclaircis, répondit le roi, en cette manière. C'est assavoir que la royale Majesté est entendue ès-cas qui de droit ou de ancienne coustume puent et doient appartenir à souverain prince et à nul autre[1]. » Louis XIV aurait pu faire la même réponse si on lui eût demandé d'assigner des limites à la juridiction du Conseil d'Etat.

IV.

La procédure suivie devant le Conseil était beaucoup plus simple que la procédure ordinaire. Les ordonnances de Henri III sur l'organisation du Conseil tracèrent les premières quelques règles. Le premier règlement fut arrêté au Conseil privé en 19 articles, le 30 juin 1597. Le second, en 85 articles, date du 27 février 1660. Un troisième, en quinze titres et 164 articles, fut promulgué le 17 juin 1687 [2]; enfin le 28 juin 1738, parut le célèbre règlement préparé par le chancelier d'Aguessau. Ce dernier règlement régit encore aujourd'hui l'instruction des affaires devant la Cour de cassation, et c'est à cette source qu'a été puisé le décret du 22 juillet 1806 sur la procédure devant le Conseil d'État.

A côté de ces grands règlements et des dispositions moins importantes qui s'y rattachent, il faut citer les styles rédigés par des praticiens sous leur empire. Les quatre plus connus sont ceux de Ducrot (Paris 1637), de Duchesne (Paris 1662), de Gauret (Paris 1700), et de Tolozan (Paris 1786).

[1] Lettres patentes du 15 septembre 1315 (*Ordonnances*, t. I, p. 606).

[2] Les anciens règlements du Conseil, jusques et y compris celui de 1687, se trouvent réunis dans le *Style du Conseil* de Gauret (Paris, 1700). Le règlement de 1738 a été souvent imprimé.

Un collége d'avocats [1] existait auprès du Conseil pour suivre les procédures et servir d'intermédiaires aux parties. On avait d'abord voulu s'en passer. Le règlement du Conseil du 18 février 1566 portait « que dorénavant, ceux qui auroient à faire au roi pour choses qui regarderoient les finances s'adresseroient et présenteroient eux-mêmes leurs requêtes en plein Conseil, auquel ils seroient ouïs si besoin étoit, et leurs requêtes vues pour leur être pourvu sommairement. »

On reconnut bientôt que l'intervention des avocats était indispensable. Un édit de 1585 en établit dix. Leur nombre fut porté jusqu'à 230 en 1646, puis successivement réduit jusqu'à 70 (en 1738). On en comptait 73 en 1789. Ils avaient le droit exclusif d'occuper et de plaider devant le Conseil d'État, les commissions du Conseil et le Conseil des prises. Ils plaidaient concurremment avec les avocats au Parlement devant les maîtres des requêtes de l'hôtel et le grand Conseil. Enfin, ils avaient droit de préparer et de présenter au sceau les lettres de chancellerie.

V.

Il nous reste à dire quelques mots de trois juridictions spéciales qui se rattachaient au Conseil d'État, et ne sauraient être passées sous silence dans ce tableau des anciens tribunaux administratifs. Ce sont les requêtes de l'hôtel, le Conseil des prises et la prévôté de l'hôtel.

Requêtes de l'hôtel [2]. Indépendamment de leur participation aux travaux du Conseil, les maîtres de requêtes avaient une juridiction spéciale qu'ils exerçaient dans l'enclos du palais. Ils y siégeaient au nombre de sept, à tour de rôle, sous la présidence de leur doyen.

Cette juridiction était ordinaire ou extraordinaire.

[1] V. Merlin, dans le *Traité des offices* de Guyot, tome II, page 270.

[2] V. le *Dictionnaire de pratique* de Ferrière, au mot *Maîtres des requêtes*, et le préambule des lettres patentes du 24 juillet 1771. V. aussi Miraulmont, *Mémoires sur l'origine et institution des Cours souveraines et autres juridictions subalternes encloses dans l'ancien palais royal de Paris*; Paris, 1584, f°s 24 à 41.

On conserve aux Archives de l'Empire (section judiciaire, série V) les minutes des feuilles d'audience et des sentences rendues aux requêtes de l'hôtel de 1573 à 1791. V. Bordier, *les Archives de France*, p. 249.

A l'ordinaire, ils connaissaient en première instance et sauf appel au Parlement, par concurrence avec les requêtes du palais, des causes des princes, des officiers de la couronne, des commensaux de la maison du roi et autres personnes ayant droit de *committimus*, tant au grand qu'au petit sceau. Cette attribution était aussi ancienne que leurs charges.

A l'extraordinaire, ils connaissaient souverainement et en dernier ressort:

1° Des contestations soulevées à raison du titre des offices royaux, tant de judicature, domaine, tailles, aides, gabelles, traites, impositions, qu'autres sans aucune exception. Dans le principe, les requêtes de l'hôtel ne statuaient en cette matière que sauf appel au Parlement[1], mais les maîtres des requêtes obtinrent enfin le dernier ressort et le gardèrent nonobstant l'art. 99 de l'ordonnance de Blois (1576).

2° Des causes renvoyées par arrêt du Conseil, et de toutes sortes d'instances formées en exécution d'arrêts du Conseil privé.

3° De la falsification des sceaux des grande et petite chancelleries et du faux incident aux instances pendantes devant le Conseil d'État.

4° De l'exécution des lettres du sceau portant privilége ou permission d'imprimer.

5° Des demandes des avocats au Conseil pour payement de leurs droits, des désaveux formés contre eux, des appels formés par les avocats au Conseil contre les décisions de leurs syndics en matière disciplinaire.

6° Des appels formés contre les appointements et ordonnances d'instruction des affaires pendantes au Conseil, ou contre les taxes et exécutoires de dépens adjugés au Conseil.

La procédure devant les requêtes de l'hôtel avait été réglée en dernier lieu par lettres patentes du 24 mai 1770.

Conseil des prises[2]. — Nous avons déjà parlé de la composition du Conseil des prises et de la souveraine juridiction d'appel

[1] Ces appels furent donnés au grand Conseil, par édit du 25 octobre 1529, puis rendus au Parlement par édit d'août 1539. La juridiction des requêtes de l'hôtel en matière d'offices fut confirmée par une déclaration de mars 1582. V. aussi un arrêt du Conseil du 19 juin 1596.

[2] V. Valin, *Commentaire sur l'ordonnance de la marine*, titre des Prises, art. 21.

conférée au Conseil d'État en cette matière. Jusqu'en 1659, les prises étaient jugées par l'amiral, qui, avec l'agrément du roi, se faisait assister de plusieurs conseillers ou maîtres des requêtes. Ce fut Louis XIV qui, par lettres patentes du 20 décembre 1659, institua auprès de l'amiral une Commission en forme sous le nom de Conseil des prises, et ouvrit la voie du recours au Conseil d'État.

Les attributions du Conseil des prises n'ont jamais varié. Voici en quels termes elles sont définies par les lettres patentes du 20 décembre 1659 : « Nous vous avons ordonné et ordonnons de vous assembler à l'avenir près de la personne de notre dit oncle de Vendôme (grand maître, chef et surintendant de la navigation et commerce de France), pour tenir ledit Conseil, y juger les prises qui seront faites en mers de levant et ponant, tant par nos vaisseaux et galères que par les vaisseaux de nos sujets, juger les droits appartenant à nous et à notre dit oncle de Vendôme et à nos sujets, bris des vaisseaux ou de choses pêchées en mer et trouvées sur le rivage, régler les salaires des officiers de justice de l'amirauté; et de ce vous en avons attribué et attribuons par ces présentes toute juridiction et connoissance, et icelle interdisons à tous autres juges. Voulons et entendons que les jugements qui seront rendus par vous ès choses qui se pourront réparer en définitif soient exécutés en baillant caution par la partie intéressée, nonobstant oppositions ou appellations quelconques desquelles, si aucunes interviennent, nous avons réservé la connoissance à notre Conseil pour y être jugées et terminées en la forme qu'il sera par nous ordonné. »

La procédure devant le Conseil des prises avait été définitivement fixée par un règlement du 9 mars 1695, textuellement reproduit dans tous les règlements postérieurs.

Prévôté de l'hôtel[1]. — Le prévôt de l'hôtel était un officier chargé spécialement de la police des résidences royales. Sa juridiction, d'origine très-ancienne, avait été définie en dernier lieu par un arrêt du Conseil du 1er avril 1762.

[1] V. Denizart et Ferrière, au mot *Prévôt de l'hôtel*. On conserve aux Archives de l'Empire (section judiciaire, série V) les minutes des jugements de la prévôté de l'hôtel de 1579 à 1790, et les registres d'audience de 1660 à 1788. Bordier, *les Archives de France*, p. 249. V. les édits de décembre 1485, juin 1522, juin 1544 et les lettres patentes du 20 février 1572.

Cette juridiction consistait principalement dans le droit de connaître de tous crimes et délits commis dans les lieux habités par le roi, et même à dix lieues à la ronde, sur ou par les personnes de service auprès du roi. En outre, le prévôt de l'hôtel avait seul le droit de faire dans les palais royaux tous actes conservatoires du ministère de la justice.

Parmi les diverses attributions du prévôt de l'hôtel, il en est une qui fut rétablie sous l'empire au profit des ministres et du Conseil d'État[1], et qu'à ce titre nous devons particulièrement signaler.

L'article 27 de l'arrêt du Conseil du 1er avril 1762 porte : « Les demandes et actions qui concerneront le service que doivent les personnes attachées à la suite de Sa Majesté, à celle de la reine et de la famille royale, l'exercice de leurs fonctions, leurs logement, nourriture et habillement, ou de leurs domestiques, pendant le temps de leur service, ainsi que les actes, conventions ou billets qu'elles auraient faits pour raison desdits objets, même les lettres de change causées pour iceux, et autres demandes de pareille nature et qualité qui auront trait audit service seront portées par devant le prévôt de l'hôtel, à l'exclusion de tous autres juges. »

En voyage, le prévôt de l'hôtel devait précéder le roi, et régler d'avance le taux du pain, de la viande, du vin, du foin, de la paille, de l'avoine, du bois, de la chandelle et autres fournitures, sauf, en cas de difficultés, à y être pourvu par le roi en personne. Il devait connaître de toutes contraventions à ces règlements, et en général de toutes conventions et marchés, soit verbaux, soit par écrit, faits et causés pour l'approvisionnement de la cour et suite du roi. Il jugeait enfin les contestations sur les priviléges des marchands et artisans à la suite de la cour[2].

Anciennement, les appels du prévôt de l'hôtel se relevaient au Parlement. François Ier en attribua la connaissance au grand Conseil[3], et cette attribution subsista jusqu'en 1789, malgré la tendance qui entraînait vers le Conseil d'État les affaires administratives.

[1] Décret du 11 juin 1806, art. 14, § 2.
[2] Arrêt du Conseil du 1er avril 1762, art. 32, 35, 36. 46
[3] Edit du 25 octobre 1529.

ÉTUDES SUR LES ORIGINES

DU

CONTENTIEUX ADMINISTRATIF

EN FRANCE

PAR R. DARESTE,

Docteur en droit,

Avocat au Conseil d'État et à la Cour de cassation.

III

LES ANCIENNES JURIDICTIONS DOMANIALES ET FINANCIÈRES.

Lf 25 15

PARIS

AUGUSTE DURAND, LIBRAIRE, RUE DES GRÈS, 7.

1856

(Extrait de la *Revue historique de droit français et étranger*, numéro de mars-avril 1856.)

TYPOGRAPHIE HENNUYER, RUE DU BOULEVARD, 7, BATIGNOLLES.
Boulevard extérieur de Paris.

ÉTUDES

SUR LES ORIGINES DU CONTENTIEUX ADMINISTRATIF

EN FRANCE.

III.

LES ANCIENNES JURIDICTIONS DOMANIALES ET FINANCIÈRES.

Nous avons essayé de faire connaître, dans deux précédents articles, les attributions contentieuses des Intendants et du Conseil d'Etat. Pour compléter le tableau des juridictions administratives avant 1789, il nous reste encore à parler des tribunaux primitivement institués pour connaître du domaine et des finances.

Jusqu'au règne de Louis XIV, ces tribunaux, où dominaient les formes judiciaires, se partageaient en entier le vaste domaine du contentieux administratif. Depuis cette époque, leurs attributions furent de jour en jour restreintes, d'une part au profit des Intendants et du Conseil d'Etat, et d'autre part au profit des Parlements. C'est ce que l'histoire de chacun d'eux va nous montrer.

I.

Chambres des comptes.

L'origine de la Chambre des comptes de Paris[1] remonte au treizième siècle. On en trouve la première trace dans une ordonnance de saint Louis, qui enjoint aux maires et bonnes gens des villes de venir compter devant les gens du roi députés pour le fait des comptes[2], c'est-à-dire devant une section ou plutôt

[1] On peut consulter : Pardessus : *Essai historique sur l'organisation judiciaire et l'administration de la justice depuis Hugues-Capet jusqu'à Louis XII*, p. 210 ; — *Dissertation historique et critique sur la Chambre des comptes* (par Lechanteur), Paris, 1765; — Mérilhou : *Étude sur la Chambre des comptes de Paris*, dans la *Revue de législation et de jurisprudence*, 1851, t. III, p. 71, et 1852, t. III, p. 105.

[2] Ordonnance de 1256 (*Ord.*, t. I, p. 83) : *Statum et compotum villæ afferant majores et probi homines ad gentes nostras quæ ad nostros compotos deputantur.*

une commission du Parlement. Cette commission siégeait à Paris, au Temple, où était déposé le trésor royal, et connaissait des affaires de finances. Ses décisions étaient considérées comme des arrêts de la Cour.

Sous le règne de Philippe le Bel, la séparation se marque déjà davantage. Les gens des comptes forment alors, sinon un corps, du moins une Chambre distincte, appelée d'abord Chambre des deniers [1], puis Chambre des comptes, ayant ses registres spéciaux. Enfin, une ordonnance du mois de janvier 1319 leur donna une organisation indépendante.

La compétence de la Chambre des comptes s'étendait alors à toutes les affaires de finances ; elle ne connaissait pas seulement de la perception et de la comptabilité des deniers royaux, mais encore du domaine et des monnaies. La justice proprement dite restait dévolue au Parlement. C'était, comme on le voit, un premier essai de distinction entre les affaires purement judiciaires et le contentieux administratif.

« Je ne puis mieux comparer cette affaire, dit Pasquier, qu'à ce que nous voyons encore aujourd'hui en la Cour du roi, où il y a un Conseil de grands seigneurs que l'on divise en deux, dont l'un est appelé Conseil de justice ou des parties, et l'autre des finances ou d'Etat [2]. »

Les traces de l'origine commune des deux juridictions se conservèrent longtemps. Ainsi, la Chambre des comptes se composait, comme le Parlement, de conseillers clercs et de conseillers laïques. Une partie de ces conseillers était chargée de faire les rapports, et l'autre partie était chargée de les juger ; il y avait ainsi des conseillers rapporteurs et des conseillers jugeurs comme autrefois à la Chambre des enquêtes du Parlement. Pendant longtemps la Chambre des comptes n'eut pas de parquet spécial. Les gens du roi près le Parlement remplissaient leurs fonctions près la Chambre des comptes. Jusqu'au règne de Louis XII les baillis et sénéchaux prêtaient serment tant au Parlement qu'à la Chambre, et rendaient leurs comptes annuels devant une commission composée de deux membres du Parlement et un de la Chambre des comptes, qui dressaient leurs procès-verbaux pour en

[1] V. dans les *Olim* (t. III, p. 13) une enquête de l'an 1299, *per Cameram denariorum.*

[2] Pasquier, *Recherches sur la France*, liv. II, ch. v.

faire séparément leurs rapports à leurs compagnies. Enfin, les édits, établissements d'apanages, engagements du domaine et autres affaires concernant l'état général de la France se vérifiaient tant à la Chambre des comptes qu'au Parlement.

Dès l'origine, la Chambre des comptes fut reconnue souveraine, aussi bien que le Parlement, dans les limites de sa compétence. On voit dans les *Olim* qu'en 1315 la Chambre des comptes ayant été chargée de juger un procès conjointement avec le prévôt de Paris et quelques membres du Parlement, le procureur de la partie perdante voulut appeler. La Chambre le fit mettre en prison, le força de se désister de son appel et le condamna à l'amende. L'ordonnance de janvier 1319, article 23, ouvrit seulement contre les arrêts de la Chambre la voie de révision pardevant la Chambre elle-même, avec adjonction de deux, trois ou quatre conseillers au Parlement. Ce principe fut maintenu dans un grand nombre d'ordonnances subséquentes, qui, toutes, interdirent au Parlement de recevoir les appels, malgré les efforts du Parlement pour obtenir ce droit[1]. Au dix-septième siècle, la voie de révision tomba en désuétude, de même que la voie de proposition d'erreur contre les arrêts du Parlement. Elles furent remplacées par la voie de la cassation, qui se demandait au Consei. d'Etat.

Nous avons déjà montré, en traitant du Conseil d'Etat, que la Chambre des comptes en était essentiellement distincte. Toutefois, les gens des comptes, comme les gens du Parlement, étaient souvent appelés au Conseil, surtout dans les premiers temps; souvent même le Conseil se tenait dans la Chambre des comptes, circonstance qui n'a rien de bien étonnant, si l'on songe que la Chambre des comptes représentait au quatorzième siècle toute la haute administration financière du pays [2]. Mais cette participation de la Chambre des comptes au pouvoir législatif devint de moins en moins fréquente à mesure que la hiérarchie admi-

[1] Ordonnances des 7 août 1375, 28 janvier 1383, 25 juin 1407, mars 1408, 12 avril 1459, décembre 1460, 26 février 1464, 20 mars 1500. V. Pardessus, p. 217. — V. aussi ordonnance de décembre 1520.

[2] La Chambre des comptes exerçait même quelquefois par délégation expresse et temporaire tous les pouvoirs administratifs de la royauté. On peut citer comme exemple la procuration donnée à la Chambre par Philippe de Valois le 30 mars 1339.

nistrative se compliqua davantage. Dès le seizième siècle ce n'était déjà plus qu'un souvenir.

L'histoire de la composition de la Chambre des comptes se lie assez intimement à l'histoire de ses attributions. Primitivement elle se composait de neuf membres, à savoir : trois conseillers maîtres des comptes, trois généraux maîtres des monnaies et trois généraux trésoriers de France [1]. Ces trois sections formaient la Chambre des comptes et jugeaient tantôt conjointement, tantôt séparément.

Cette organisation subsista jusqu'au milieu du quatorzième siècle ; seulement, dès 1326, le nombre des maîtres des comptes avait été porté à sept.

Sous le roi Jean, les généraux des monnaies furent détachés de la Chambre des comptes et formèrent un corps distinct sous le nom de Chambre des monnaies.

Vers la même époque furent institués les généraux des aides et les élus, chargés de percevoir les impositions et de juger les contestations y relatives. On peut, non sans raison, considérer cette institution nouvelle comme un démembrement de la Chambre des comptes, qui, dans l'origine, était certainement investie de la plénitude de juridiction en matière financière. Ce fut une concession populaire accordée en compensation des énormes sacrifices que le gouvernement royal demandait à la France pour sauver l'indépendance nationale après le désastre de Poitiers.

Seuls, les trésoriers de France, réduits à la gestion des revenus du domaine, continuèrent à faire partie de la Chambre des comptes. Nous expliquerons plus loin comment ce lien subsista, bien que de plus en plus affaibli, jusqu'à l'institution des bureaux des finances, au seizième siècle.

Le travail de la Chambre des comptes devenant de jour en jour plus considérable, il fallut augmenter le nombre des maîtres et leur donner des auxiliaires. Huit clercs, qui plus tard reçurent le nom d'auditeurs, furent créés sous Philippe le Long, et un correcteur fut institué en 1333 [2]. La direction de la Chambre

[1] V. Constant, *Traité de la Cour des monnaies*, Paris, 1658, in-fol.

[2] Pasquier prétend que les auditeurs ou clercs d'en bas étaient originairement les secrétaires particuliers des maîtres. C'est une erreur qui se trouve relevée dans le Mémoire de M. Lechanteur.

Sur les fonctions des correcteurs, on peut consulter un Mémoire manuscrit intitulé *Recherches historiques et critiques pour servir à l'histoire générale de*

était alors confiée à deux présidents, l'un clerc, l'autre laïque; le premier était ordinairement un évêque, le second le grand bouteiller de France.

En 1418, le procureur général au Parlement nomma un substitut particulier pour le service de la Chambre des comptes, mais cette charge ne fut érigée en titre d'office qu'en 1454. Un avocat général fut créé en 1478.

Sous Louis XII [1], la Chambre se composait de deux présidents, l'un clerc, l'autre laïque, dix maîtres, deux correcteurs, seize clercs auditeurs, un avocat et un procureur général, deux greffiers, le receveur et l'huissier.

A cette époque, le président laïque devint premier président. Cette charge se perpétua dans la famille de Nicolaï, pendant près de trois siècles, jusqu'en 1789.

En 1551, Henri II augmenta considérablement le nombre des officiers de la Chambre et les rendit semestres. En 1789, la Chambre se composait d'un premier président, douze présidents, soixante-dix-huit maîtres des comptes, trente-neuf correcteurs et quatre-vingt-deux auditeurs. Un certain nombre de procureurs étaient chargés de représenter les parties devant la Chambre comme devant le Parlement.

Pour se faire une idée exacte de la compétence attribuée à la Chambre des comptes, il est nécessaire de bien distinguer les temps. Dans le principe, nous l'avons déjà dit, la Chambre des comptes avait la plénitude de juridiction en matière financière. Toute contestation relative aux revenus du roi, soit ordinaires, soit extraordinaires, devait être portée devant elle : le recueil des *Olim* nous en fournit de remarquables exemples. Ainsi, en 1270, on voit les gens des comptes juger sept enquêtes sur des questions de tailles [2]. En 1272, on les voit statuer entre les gardes de la régale de l'évêché de Châlons et les bourgeois de Châlons, sur la question de savoir si l'évêque a le droit de mainmorte sur les biens des personnes qui meurent laissant des enfants hors de leur mainbournie [3]. Un autre arrêt, rendu la même année par les gens

la Chambre des comptes, par Marchais de Migneaux, membre de la Chambre. Ce Mémoire paraît avoir été rédigé en 1774. Bibliothèque impériale, mss. suppl. fr., n° 178-5.

1 Édit de Blois en 1511.

2 *Olim*, t. I, p. 347.

3 *Olim*, t. I, p. 396.

des comptes, condamne les bourgeois de Reims à payer aux gardes des régales de l'évêché ce qu'ils doivent à l'évêque pour les frais du couronnement du roi, auxquels l'évêque a été tenu de contribuer [1]. En 1303, un arrêt de la Chambre aux deniers condamne un lombard à rendre à un chevalier une obligation royale qu'il a reçue en gage de ce dernier[2]. En 1315, la Chambre des comptes, réunie au prévôt de Paris et à quelques membres du Parlement, procède à une enquête contre un plaideur, qui, prétendant à un droit de chasse, s'est permis de chasser pendant que le droit litigieux était séquestré entre les mains du roi [3]. Enfin, en 1317, une enquête sur une contestation entre l'ancien et le nouveau fermier des salines de Carcassonne n'est jugée par le Parlement que sur le renvoi qui lui en est fait par les gens des comptes [4].

Le recueil des ordonnances nous fait voir que, pendant tout le quatorzième siècle, la Chambre des comptes fut la grande juridiction administrative du royaume. Un mandement du roi au sénéchal de Beaucaire, donné à Paris le 2 juin 1340, attribue à la Chambre des comptes la connaissance des contrats usuraires passés entre les sujets du roi et les juifs ou lombards demeurant hors du royaume [5]. Une ordonnance du 17 février 1349, qui impose à la ville de Paris une aide extraordinaire d'une année, porte que les contestations soulevées à l'occasion de la perception seront portées devant les prévôts et échevins en première instance, et par appel à la Chambre des comptes [6]. Une autre de septembre 1358 renvoie au Parlement, et à défaut du Parlement à la Chambre des comptes, les appels des sentences rendues par les maîtres des ports en matière de douanes[7]. En 1366, un commissaire de la Chambre des comptes fut envoyé en Normandie pour reprendre possession des domaines usurpés. On voit dans ses instructions qu'il est chargé d'assigner les opposants par-devant les gens des comptes où le procès sera rapporté [8]. Aux termes d'une ordonnance du 28 janvier 1383, les débiteurs de rentes

[1] *Olim*, t. I, p. 397.
[2] *Olim*, t. III, p. 119.
[3] *Olim*, t. III, p. 1049.
[4] *Olim*, t. III, p. 1188.
[5] *Ordonnances*, t. II, p. 144.
[6] *Ordonnances*, t. II, p. 321.
[7] *Ordonnances*, t. III, p. 254.
[8] *Ordonnances*, t. IV, p. 716.

domaniales, et en général les débiteurs du roi, ne pourront appeler des exécutions faites contre eux, mais ils pourront se pourvoir par opposition à la Chambre des comptes [1]. Une autre ordonnance, du 1er mars 1388, porte que les officiers royaux qui ont acheté des rentes dues par le domaine seront tenus de produire leurs titres devant la Chambre des comptes, qui liquidera leur prix d'achat, en ordonnera le remboursement et prononcera l'extinction des rentes rachetées [2]. Enfin, une ordonnance du 17 mars 1390 pose en principe que *toutes choses et besoignes quelconques touchant et regardant l'héritage du roi seront traitées et demenées en la Chambre des comptes* [3].

Mais cette compétence si étendue ne dura pas longtemps. Dès le quatorzième siècle, la Chambre des monnaies et celle du Trésor se séparèrent de la Chambre des comptes, et la Cour des aides fut instituée pour connaître de toutes les contestations en matière d'impôts. Depuis le règne de Charles VI les affaires évoquées pour raison d'Etat furent portées au grand Conseil. La Chambre des comptes se trouva ainsi réduite à la ligne de compte. Les ordonnances réglementaires des 23 décembre 1454, 20 mars 1500 et décembre 1511 constatent que sa principale attribution consiste dans l'examen, la correction, l'apurement, la clôture et le jugement des comptes de tous les receveurs des deniers royaux ou communaux [4]. La procédure à suivre en cette matière fut réglée en dernier lieu par deux édits, l'un du mois d'août 1598 et l'autre du mois d'août 1669.

Indépendamment de cette attribution principale, la Chambre des comptes conserva quelques fonctions accessoires que nous devons signaler [5]. Elle était chargée notamment de vérifier et d'enregistrer tous les actes soit législatifs, soit même simplement

[1] *Ordonnances*, t. VII, p. 48.

[2] *Ordonnances*, t. VII, p. 167.

[3] V. Lechanteur, *Mémoire précité*, p. 69.

[4] On peut consulter sur les anciennes règles de comptabilité les ouvrages suivants : *Instruction sur le fait des finances et Chambre des comptes*, Paris, 1582 ; *Recueil des règlements, etc., sur le fait des finances*, Paris, 1599 ; *Traité de la Chambre des comptes de Paris*, par Claude de Beaune, praticien, 1647 ; et surtout *Traité de la Chambre des comptes, de ses officiers et des matières dont elle connait*, par Leufroy, Paris, 1702.

[5] V. le *Dictionnaire* de Ferrière, le *Recueil* de Denizart et le *Répertoire* de Guyot et Merlin, au mot CHAMBRE DES COMPTES.

administratifs, concernant le domaine du roi ou les droits domaniaux, ou tendant à en diminuer le produit : ainsi les lettres de concession en apanage, d'aliénation, d'échange, d'engagement, les lettres de naturalité, d'amortissement, de légitimation, d'anoblissement, les lettres d'érection de terres en duchés, comtés, etc., les lettres et brevets de dons et de pensions, de gages intermédiaires, d'indemnités, de modération d'amendes et d'intérêts, les baux des fermes du roi, etc.

Les vassaux du roi, pour les terres titrées, devaient porter la foi et hommage, ainsi que les aveux et dénombrements, à la Chambre des comptes.

De véritables débats contentieux s'élevaient fréquemment à l'occasion de ces divers actes. Par exemple, un précédent engagiste s'opposait à l'enregistrement des lettres patentes portant engagement du même domaine à un tiers, ou bien encore un vassal du roi demandait la réformation d'aveux et dénombrements antérieurement fournis. Toutes ces contestations étaient jugées par la Chambre des comptes, en dernier ressort et suivant les formes ordinaires de la procédure.

La Chambre des comptes de Paris était en outre chargée d'enregistrer les contrats de mariage des rois de France, les traités de paix, les provisions données aux grands officiers de la couronne, et les serments de fidélité des archevêques, évêques et cardinaux.

Dans le principe, la Chambre des comptes n'avait pas de juridiction criminelle sur les comptables, à moins que le roi ne la lui eût conférée par commission expresse et spéciale[1]. Mais elle ne tarda pas à être investie du pouvoir de punir les comptables qui auraient commis des faux, des détournements ou d'autres crimes dans l'exercice de leurs fonctions. Seulement, comme les gens des comptes étaient presque tous clercs, les ordonnances portent que, pour les affaires criminelles, la Chambre s'adjoindra quelques membres du Parlement[2].

L'ordonnance de février 1566, confirmative des règlements antérieurs, porte que, dans toutes les causes criminelles, la Chambre pourra procéder contre un accusé jusqu'à la torture ex-

[1] Lettres patentes du 16 septembre 1374.

[2] Lettres patentes du 4 février 1450 et du 23 octobre 1461, édit de février 1566.

clusivement. Lorsqu'il faudra prendre des conclusions définitives ou de torture, les avocats et procureurs généraux, tant de la Chambre des comptes que du Parlement, se réuniront pour poser des conclusions, après avoir préalablement interrogé de nouveau l'accusé : « Et seront jugés lesdits procès par le jugement définitif ou la torture, en la Chambre du conseil, ès Chambre des comptes, en la même forme que se jugent les révisions, à savoir que les procès seront apportés en ladite Chambre du conseil, où assisteront un président de ladite Chambre et six maîtres des comptes, avec un président de ladite Cour de Parlement et cinq conseillers d'icelle, avec un greffier de ladite Chambre des comptes et un greffier de ladite Cour de Parlement. »

La division qui s'opéra au treizième siècle dans le sein du Parlement de Paris, et qui donna naissance à la Chambre des comptes, avait été amenée par la force des choses. En effet, une division analogue s'opéra vers la même époque dans les Cours de justice de tous les grands fiefs, par exemple en Normandie, en Bretagne, en Dauphiné, en Provence, en Bourgogne, en Lorraine, en Franche-Comté, en Barrois, à Blois [1].

Mais, pendant que la Chambre des comptes de Paris perdait une grande partie de ses attributions primitives et se réduisait peu à peu à la connaissance de la ligne de compte, les Chambres des comptes établies dans les grands fiefs restèrent en général ce qu'elles avaient été dans l'origine, c'est-à-dire la juridiction unique en matière domaniale et fiscale.

La réunion de ces diverses provinces au domaine royal amena la transformation de ces diverses Chambres des comptes, qui furent réorganisées sur le modèle de celle de Paris.

[1] Sur l'échiquier de Normandie, voir le Mémoire de M. Léopold Delisle : *Des revenus publics en Normandie au douzième siècle*, bibliothèque de l'École des chartes, 2e série, t. V, p. 268.

V. l'*Histoire de la Chambre des comptes de Bretagne*, par H. de Fourmont, Paris, 1854.

V. encore, pour la Chambre des comptes de Franche-Comté, Gollut, *Les Mémoires historiques de la république séquanaise*, liv. II, ch. XLVIII, et Chevalier, *Mémoires historiques sur la ville et seigneurie de Poligny*, 1767, t. I, p. 243 ; pour celle du Dauphiné, Valbonnais, t. II, p. 286 ; pour celle de Provence, Coriolis, t. I, p. 457 ; *Statuta venerande curie camere regie rationum civitatis Aquensis*, per dom. Rol. Bartholomeum, juris professorem, Lugd., 1508, et Fr. de Claperiis, *Centuria causarum in summa rationum vectigalium subsidiorumque Provinciæ curia decisarum*. Lugd., 1587.

Au dix-septième siècle, on les réunit autant que possible aux Cours des aides et aux Parlements. Le rôle qu'elles avaient joué au moyen âge comme juridiction administrative passa aux Intendants et au Conseil d'Etat.

A la fin du dix-huitième siècle, les Chambres des comptes étaient celles de Montpellier (réunie à la Cour des aides) pour le Languedoc et le Roussillon ; de Rouen (réunie à la Cour des aides en 1705), pour la Normandie ; de Dijon, pour la Bourgogne, le Mâconnais et le comté de Bar-sur-Seine ; d'Aix, pour la Provence ; de Grenoble, pour le Dauphiné ; de Nantes, pour la Bretagne ; de Metz, pour les trois évêchés et l'Alsace ; de Nancy, pour la Lorraine ; et de Bar, pour le Barrois.

La Chambre des comptes de Pau avait été unie au Parlement de Navarre en 1691 : celle de Dôle avait été unie au Parlement de Besançon en 1771 ; celle de Blois fut supprimée en 1775 ; celles de Lille en Flandre et d'Aire en Artois eurent le même sort.

D'autres Chambres, établies à Angers, Moulins, Cahors, n'avaient eu qu'une existence éphémère.

Ces diverses Chambres furent en général réduites à la ligne de compte comme l'avait été celle de Paris, toutefois quelques-unes conservèrent une compétence plus étendue. Ainsi la Chambre des comptes de Dôle porta jusqu'à sa suppression, en 1771, le titre de Chambre et Cour des comptes, aides, domaines et finances du comté de Bourgogne [1]. La Chambre des comptes de Lorraine était en même temps Cour des aides et Cour des monnaies [2]. Sa compétence comprenait la comptabilité des receveurs de finance et des hôtels de ville, la répartition des impôts et la connaissance des contestations soulevées à leur occasion, la conservation et la police du domaine du roi non aliéné et des eaux et forêts, enfin la juridiction des monnaies. La Chambre des comptes de Bar portait le titre de Chambre du conseil, des comptes et domaines, Cour des aides et monnaies de Bar.

La Chambre des comptes de Montpellier avait la juridiction en matière domaniale, en vertu d'un édit de 1690. Dès le seizième siècle cette juridiction avait été enlevée à la Chambre des

[1] V. édits d'août 1692, de septembre 1696 et d'octobre 1771.

[2] V. l'article CHAMBRE DES COMPTES DE LORRAINE dans le *Répertoire* de Guyot et Merlin.

comptes de Nantes, qui, en revanche, était compétente pour juger les contestations relatives aux baux des octrois municipaux.

II.

Cours des monnaies[1].

Nous avons déjà montré que les généraux des monnaies faisaient originairement partie de la Chambre des comptes. Une ordonnance du 18 septembre 1357 atteste que dès cette époque les généraux des monnaies formaient une juridiction spéciale, complétement séparée de la Chambre des comptes et des trésoriers[2].

Le nombre des généraux des monnaies était d'abord de trois ; il fut porté jusqu'à huit à la fin du quinzième siècle. Vers cette époque, et vraisemblablement sous le règne de Charles VIII, la Chambre des monnaies reçut le titre de Cour. Elle est désignée sous ce nom dans une ordonnance du 8 juin 1498[3].

Enfin, la Cour des monnaies, qui, dès 1522, se composait d'un président et de dix conseillers, fut érigée en Cour souveraine par un édit de janvier 1551, confirmé en 1570 et en juin 1635. Les Parlements et le grand Conseil essayèrent de refuser l'enregistrement, mais des lettres de jussion les y forcèrent[4].

Dès 1396, on trouve un procureur du roi en la Chambre des monnaies.

A la fin du dix-huitième siècle, la Cour des monnaies se composait d'un premier président, huit présidents, trente-six conseillers, un procureur général, deux avocats généraux et deux substituts, un greffier en chef et dix-huit huissiers. Elle se divisait en deux semestres.

La Cour des monnaies était unique pour toute la France. Cependant une seconde Cour des monnaies fut créée à Lyon en 1704, sans doute dans un intérêt purement fiscal. Elle fut supprimée en 1771.

[1] V. Constant, *Traité de la Cour des monnaies*, Paris, 1658, in-fol., et Pardessus, *Essai historique sur l'organisation judiciaire et l'administration de la justice depuis Hugues-Capet jusqu'à Louis XII*, p. 230.

[2] *Ordonnances*, t. III, p. 182.

[3] *Ordonnances*, t. XXI, p. 34.

[4] Ferrière, *Dictionnaire de droit et de pratique*, Paris, 1762, v° COUR DES MONNAIES. — V. ces édits dans le recueil de Fontanon.

De très-anciennes ordonnances donnent à la Cour des monnaies le droit de juger souverainement et en dernier ressort, mais ce droit ne fut mis hors de toute contestation que par l'édit de janvier 1551.

La principale fonction de la Cour n'avait de contentieux que la forme. Elle consistait dans le jugement des boîtes des monnaies; la monnaie fabriquée n'était mise en circulation qu'en vertu d'un arrêt déclarant qu'elle était de bon aloi. Il fallait aussi des arrêts de la Cour pour décrier certaines monnaies et en ordonner le retrait. Quand la fabrication de la monnaie était mise en ferme, c'était la Cour des monnaies qui faisait l'adjudication et connaissait des difficultés relatives à l'interprétation des clauses du bail.

La Cour des monnaies avait encore la police de toutes les corporations d'ouvriers travaillant l'or et l'argent, c'est-à-dire non-seulement des monnayeurs et des orfévres, mais des graveurs, changeurs, batteurs, etc. Elle homologuait leurs statuts, veillait à ce qu'ils fussent observés et punissait les contraventions. C'était elle, par exemple, qui appliquait les peines édictées pour infraction aux règlements relatifs à la marque des ouvrages d'or et d'argent, c'est-à-dire à ce que nous appelons aujourd'hui la garantie.

Cette juridiction n'était pas simplement correctionnelle. Elle allait, aux termes des édits, *jusqu'à mort et abscission de membres*.

Dans les provinces, elle était exercée en premier ressort par des conseillers députés ou par des gardes et prévôts des monnaies, mais sauf appel à la Cour.

Outre cette juridiction propre et exclusive, la Cour avait encore le droit de connaître, par prévention et concurrence avec les juges ordinaires, des crimes de fausse monnaie et de billonnage, soit en premier et dernier ressort, soit par appel des sentences rendues en province par les conseillers députés ou les gardes et prévôts des monnaies.

III.

Chambre du Trésor et Bureaux des finances.

Comme les généraux des monnaies, les trésoriers de France faisaient originairement partie de la Chambre des comptes. Ils avaient la garde et l'emploi des deniers du roi. Or : « La source primitive des revenus du roi, dit M. Pardessus [1], était le domaine, et par ce mot il ne faut pas entendre seulement le produit des immeubles, des redevances fixes ou casuelles connues sous les noms de droits féodaux, cens, rentes, ou autres que payaient les vassaux, les colons, les serfs, tous objets de nature à composer des fortunes privées; mais encore divers produits résultant des droits de la puissance publique, tels que les émoluments du sceau, des greffes et chancelleries, des actes judiciaires, des amendes, confiscations, aubaines, bâtardises, etc. »

L'administration des deniers du roi n'était donc, en réalité, pas autre chose que l'administration du domaine royal.

Plus tard, lorsque, pour subvenir aux besoins publics toujours croissants, les revenus du domaine se trouvèrent insuffisants, il fallut recourir à des impositions, d'abord temporaires, puis permanentes. De là une nouvelle source de revenus que le roi percevait, non plus en qualité de propriétaire, mais en qualité de souverain. L'administration de tout ce qui les concernait fut confiée à des officiers spéciaux, qui prirent le nom de *généraux des finances*. Il y eut ainsi des trésoriers de France pour le domaine, et des généraux des finances pour les impositions.

Le nombre de ces officiers n'était pas toujours le même. Toutefois, depuis le règne de Charles VII, il parait avoir été fixé à quatre. Les quatre trésoriers de France et les quatre généraux des aides résidaient à Paris, mais faisaient dans tout le royaume des *chevauchées* annuelles. A cet effet, on avait divisé le royaume en quatre départements ou généralités, à savoir : Languedoc, Langued'oil, outre Seine et Yonne, Normandie.

Lorsque la Guienne, la Bourgogne et la Bretagne furent réunies au domaine royal, on créa ou plutôt on conserva dans chacune de ces provinces un officier spécial sous le nom de général des finances.

Dans l'origine, les trésoriers de France et les généraux des finances exerçaient à la fois l'administration et la juridiction contentieuse, mais ces deux attributions ne tardèrent pas à être séparées [2]. On distingua des trésoriers et des généraux sur le fait

[1] *Essai historique sur l'organisation judiciaire et l'administration de la justice depuis Hugues-Capet jusqu'à Louis XII*, p. 224.

[2] Ordonnances des 11 avril 1390 et 7 janvier 1400. V. le préambule de l'édit d'avril 1627.

des finances et d'autres sur le fait de la justice. Les généraux des finances sur le fait de la justice formèrent la Cour des aides; quant aux trésoriers de France sur le fait de la justice, ils furent supprimés presque aussitôt après leur création. On les remplaça par des conseillers au Trésor, chargés de juger les affaires contentieuses du domaine, au nom et sous la présidence des trésoriers. Ce fut l'origine de la Chambre du Trésor, dont la juridiction s'étendait sur tout le royaume.

La Chambre du Trésor[1] connaissait de toutes les contestations relatives à la collecte des deniers du roi (en matière domaniale), quand le fond du droit était contesté. Par exemple, lorsque les gens du roi poursuivaient le payement d'une rente due au domaine, si l'existence de la rente était contestée, c'était à la Chambre du Trésor à juger. Ses décisions étaient soumises à l'appel devant le Parlement.

Au seizième siècle, ce n'était plus assez d'une seule juridiction de première instance pour tout le royaume. Par l'édit de Crémieu, en 1536, François Ier rendit aux baillis et sénéchaux la compétence en matière domaniale. Toutefois, la Chambre du Trésor établie à Paris fut conservée; mais, par édit de février 1543, son ressort fut restreint à la prévôté de Paris et aux bailliages de Senlis, Melun, Brie-Comte-Robert, Etampes, Dourdan, Mantes, Meulan, Beaumont et Crespy. Hors de ces bailliages, elle ne garda que le droit de concurrence avec les juges ordinaires.

Mais quelques jours auparavant, un édit du 7 décembre 1542 avait divisé le territoire du royaume en seize généralités[2], dans chacune desquelles furent établis un receveur général et un commis des trésoriers de France et généraux des finances. Cette mesure fut le premier acte d'une transformation complète de l'administration financière. En effet, les quatre trésoriers de France et les quatre généraux des finances établis à Paris pouvaient dès lors être supprimés sans inconvénient. C'est ce qui

[1] V. Miraulmont, *Mémoires sur l'origine et institution des Cours souveraines*, Paris, 1584, f° 65-77; Bacquet, *Traité des domaines*, et le *Dictionnaire* de Ferrière, au mot CHAMBRE DU TRÉSOR.

[2] A savoir Paris, Châlons, Amiens, Rouen, Caen, Bourges, Tours, Poitiers, Issoire, Agen, Toulouse, Montpellier, Lyon, Aix, Grenoble et Dijon. Les recettes d'Issoire et d'Agen furent depuis transférées à Riom et à Bordeaux.

eut lieu sous Henri II. Un édit du mois de janvier 1551 porta le nombre des généralités de seize à dix-sept [1], et établit dans chacune d'elles un *trésorier général*, cumulant dans l'étendue de son ressort les fonctions des anciens trésoriers et des anciens généraux, et ayant ainsi droit d'entrée, tant dans les Chambres des comptes et du Trésor que dans la Cour des aides.

Le nombre des généralités fut successivement porté jusqu'à vingt-sept. Toutefois, il ne fut pas établi de bureau des finances dans les provinces qui ne furent réunies à la France que depuis l'avénement de Louis XIV, à l'exception de la Flandre et de la Franche-Comté [2].

Le besoin d'argent qui conduisait à multiplier les offices força de désunir ceux de trésoriers et de généraux. Un édit du mois d'août 1557 remplaça les dix-sept trésoriers généraux par dix-sept trésoriers et dix-sept généraux. Henri III augmenta encore le nombre de ces officiers, mais en réunissant les offices. Par un édit de juillet 1577, il créa dans chaque généralité un bureau des finances, composé de cinq trésoriers généraux dont le nombre fut porté à sept en 1581 et à neuf en 1586. « En 1621, dit Jousse [3], il y en avait douze en chaque généralité, quatorze en 1626, vingt en 1627; et depuis ce nombre a toujours augmenté, en sorte qu'il y en a aujourd'hui (1775) plus de trente en chaque généralité. »

Chaque bureau des finances eut, en outre, ses présidents, avocats et procureurs du roi, chevaliers d'honneur, greffiers, procureurs postulants, etc.

Louis XIII ne se borna pas à augmenter le nombre des officiers des bureaux de finances, il étendit notablement leurs attributions. On sait qu'Henri IV avait créé pour Sully, en 1599, la charge de grand-voyer de France. Un édit du mois d'août 1621 enleva au grand-voyer et donna aux trésoriers de France l'in-

[1] La dix-septième fut établie à Nantes.

[2] Un bureau des finances fut établi à Lille par édit de septembre 1691; celui de Besançon, créé en février 1696, fut supprimé au mois de septembre de la même année, sur les réclamations de la Chambre des comptes de Dôle. Mais un édit d'octobre 1771 supprima cette Chambre des comptes et rétablit le bureau des finances de Besançon. Par une disposition remarquable, cet édit porte que l'intendant de Franche-Comté n'exercera sa juridiction contentieuse que conjointement avec le bureau des finances.

[3] *Traité de la juridiction des trésoriers de France*, Paris, 1777.

tendance et la direction des ponts et chaussées. Un autre édit du mois de février 1626 supprima la charge de grand-voyer et en attribua toutes les fonctions aux trésoriers de France dans l'étendue de leurs généralités. Enfin, au mois d'avril 1627, un édit leur rendit la connaissance des affaires contentieuses relatives au domaine, et leur donna, en outre, la juridiction de la voirie. Toutefois, dans la généralité de Paris, la Chambre du Trésor continua de subsister à côté du bureau des finances, et les baillis continuèrent de juger les affaires domaniales dans les bailliages de la généralité autres que ceux qu'énumérait l'édit de 1543. Ce fut seulement au mois de mars 1693 qu'un édit supprima la Chambre du Trésor, et en réunit les offices à ceux du bureau des finances de la généralité. Ce bureau fut alors divisé en deux Chambres : l'une, appelée Chambre du domaine, pour les affaires domaniales, et l'autre, appelée Chambre des finances, pour les affaires de finances et de voirie.

Depuis, et jusqu'en 1789, l'institution des bureaux des finances ne subit pas de modifications importantes. Mais une partie de leurs attributions soit purement administratives, soit contentieuses, passa peu à peu dans les mains des *intendants et commissaires départis*.

Il nous reste à exposer sommairement en quoi consistaient les attributions des bureaux des finances[1].

Comme autorité administrative, les bureaux des finances avaient, dans l'étendue de leur généralité, la direction des services publics, domaine, finances, voirie, travaux publics. Toutefois, ainsi que nous l'avons déjà montré, les intendants prirent peu à peu la haute main sur tous ces services.

Les bureaux des finances étaient chargés notamment d'enregistrer, après les Chambres des comptes, les lettres patentes et autres actes du pouvoir souverain relatifs au domaine, de recevoir la foi et hommage et les aveux et dénombrements des vassaux du roi pour les terres non titrées, d'assister l'intendant dans l'assiette des tailles, d'ordonnancer les payements assignés sur les fonds de leur généralité, de surveiller les comptables de leur ressort et de recevoir leurs *états au vrai*, que lesdits comptables devaient fournir avant d'être admis à compter devant les Chambres des comptes.

[1] V. le *Traité de la juridiction des trésoriers de France*, par Jousse. Paris, 1777.

Comme juridiction exceptionnelle, les bureaux des finances connaissaient des affaires du domaine et de la voirie.

« Voulons, porte l'édit de 1627, que chacun desdits bureaux, au dedans des fins et limites de leurs généralités, jugent, connaissent et décident en première instance et privativement à nos baillis, sénéchaux, prévôts, leurs lieutenans et autres juges, de tous procès et différends qui se pourront mouvoir et intenter pour raison de notre dit domaine, cens, surcens, rentes et autres droits, circonstances et dépendances d'icelui, comme de toutes matières d'aubaines, épaves, bâtardises, déshérences et autres droits de biens vacans, où nos procureurs de nos dits bureaux créés par le présent édit pourront avoir quelque intérêt, ensemble des dîmes inféodées mouvant en foi et hommage de nous, des hommages des vassaux tenant de nous, des lettres de souffrance et de confortemain qui sont prises par nos vassaux pour raison des fiefs et hommages tenus et mouvans d'iceux, et la réception des foi et hommage de tous les fiefs dépendant de notre domaine, et par main souveraine quand elle échet, ensemble de toutes entreprises et usurpations qui ont été faites et se feront sur notre dit domaine, soit que notre dit procureur y soit partie, ou entre particuliers. »

En ce qui touche la voirie, la juridiction des bureaux des finances était précisément celle qu'exercent encore aujourd'hui les Conseils de préfecture.

L'édit de 1627 ajoute : « Pourront juger nos dits présidens et trésoriers généraux de France, chacun en l'étendue de sa généralité, définitivement et en dernier ressort, jusques à 250 livres et au-dessous, pour une fois payer, et jusques à 10 livres de rente en fonds, et le double desdites sommes par provision. Et voulons que sur toutes les matières ci-dessus, dont nous leur avons attribué et attribuons la connaissance, ils aient à passer outre à l'instruction et jugement définitif d'icelles, nonobstant oppositions ou appellations quelconques, et sans préjudice d'icelles pour les sommes ci-dessus, lesquelles oppositions et appellations de nosdits présidens et trésoriers généraux de France nous voulons être relevées nuement et immédiatement par-devant nos Cours de parlement au ressort desquelles sont établies nos dites généralités. »

Le contentieux des travaux publics appartenait dans l'origine aux trésoriers de France[1], mais nous avons vu qu'il leur fut enlevé, et attribué aux intendants.

Nous avons dit que les créanciers de l'Etat *employés dans les Etats du roi*, c'est-à-dire portés au budget des dépenses, ne pouvaient être payés que sur l'ordonnance des trésoriers de France. Des commissions portées sur les états attribuaient aux trésoriers le droit de juger, sauf appel au Conseil d'Etat, toutes les difficultés qui pouvaient survenir entre les parties prenantes et les receveurs ou payeurs.

Ainsi, les appels des décisions rendues par les trésoriers de France se portaient tantôt au Parlement, tantôt au Conseil, sans que la distinction fût toujours bien nettement marquée. C'était, par exemple, une grave question de savoir si les ordonnances rendues par les trésoriers de France *en direction*, c'est-à-dire sur la requête du procureur du roi et sans partie appelée, devaient être déférées au Parlement ou au Conseil, et, quoi qu'en dise Jousse, la jurisprudence du Conseil paraît avoir été favorable à cette dernière opinion.

Telle était en général la juridiction des bureaux des finances. Il y avait toutefois quelques exceptions locales que nous devons signaler. Ainsi, en Bretagne, les trésoriers de France ne connaissaient pas des affaires domaniales, en vertu d'une disposition spéciale de l'édit même de 1627. Il en était de même en Languedoc, en vertu d'un édit de novembre 1690, qui attribua compétence en cette matière à la Cour des comptes de Montpellier[2]. En revanche, le bureau de Paris exerçait une partie des fonctions de l'intendant, surtout en ce qui concerne les travaux publics. Le bureau de Besançon, créé en 1771, fut investi de la juridiction en matière d'impôts et de douanes, et fut associé à l'exercice de la juridiction de l'intendant.

IV.

Eaux et forêts.

Les plus anciens documents que nous possédions sur la juridiction des eaux et forêts remontent à la fin du treizième siècle.

[1] Même le jugement des contestations entre les entrepreneurs et les ouvriers ou fournisseurs. V. arrêt du Conseil du 21 avril 1667.

[2] V. les mémoires de Basville sur le Languedoc, p. 150.

Une ordonnance de 1283 parle des *Balivi et Justitiarii forestarum*. Les *maîtres des eaux et forêts* sont cités dans une autre ordonnance du mois d'août 1291[1].

De même que les trésoriers de France, les maîtres des eaux et forêts étaient à la fois administrateurs et juges. Leur juridiction, dont le siége était à Paris, s'étendait à toutes les contraventions commises soit par les officiers inférieurs, soit par les simples particuliers, aux règlements sur les eaux et forêts[2]. Ils siégeaient d'abord en personne, mais ils eurent plus tard des lieutenants pour juger en leur nom. Ce fut l'origine de la *Table de marbre*, ainsi nommée à cause du local qu'elle occupait dans le Palais de Justice.

Au-dessous des maîtres se trouvaient des officiers inférieurs, résidant sur les lieux et connus sous les noms de *verdiers*, *gruyers*, *châtelains*, *sergents*. Chacun de ces officiers était chargé d'administrer et de garder une forêt ou portion de forêt. Par exception, ils pouvaient juger les délits commis dans leur ressort jusqu'à soixante sous d'amende, mais en première instance seulement et sauf appel aux maîtres[3].

La principale fonction des maîtres consistait à faire des tournées d'inspection, ou, comme on disait alors, des *chevauchées*. A mesure que le domaine royal s'étendit, il fallut augmenter le nombre des maîtres. L'art. 4 d'une ordonnance de juillet 1381 nous apprend que ce nombre s'élevait alors à dix. Dès lors il fallut créer une autorité supérieure, ce fut celle du grand-maître enquêteur et général réformateur des forêts de France, institution qui remonte au moins à l'année 1358.

Les simples maîtres des eaux et forêts cessèrent alors de résider à Paris et de tenir la juridiction de la Table de marbre. On les répartit dans les provinces à demeure fixe; ils prirent le nom de maîtres particuliers et devinrent juges de première instance de tout le contentieux des eaux et forêts, sauf appel à la Table de marbre de Paris, qui était la juridiction du grand-maître[4].

La Table de marbre était d'abord une juridiction souveraine. Des lettres patentes du 22 juin 1394 portent que les jugements

[1] Pardessus, *Organisation judiciaire*, p. 267 et 277.

[2] Ordonnance du 25 février 1318; autre de juillet 1367.

[3] Ordonnance de septembre 1402, art. 69.

[4] Un édit de 1523 établit un procureur du roi dans chaque maîtrise.

qui y seront rendus, tant en matière civile que criminelle, auront la même force que des arrêts du Parlement de Paris, de l'échiquier de Normandie et des grands jours de Troyes; mais déjà, sous le règne de Louis XII, la Table de marbre ne jugeait plus que sauf appel au Parlement[1].

En 1508, Louis XII créa une Table de marbre auprès du Parlement de Rouen; en février 1554, Henri II en créa six auprès des Parlements de Toulouse, Bordeaux, Dijon, Aix, Grenoble et Rennes. Enfin, en 1575, le grand-maître unique fut supprimé et remplacé par six grands-maîtres, qui furent répartis dans différentes résidences.

Vers la même époque, la compétence des juridictions forestières reçut un accroissement considérable. Les ordonnances de 1518 et de 1543 étendirent à toutes les forêts du royaume la compétence des officiers royaux, bornée primitivement aux forêts domaniales. En outre, les contestations civiles relatives aux eaux et forêts, et, par exemple, celles qui s'élevaient sur la propriété des forêts et le payement du prix des coupes, cessèrent d'être portées devant les tribunaux ordinaires[2]. La juridiction des eaux et forêts devint générale et exclusive pour toutes les affaires relatives au service.

Tel était l'état de choses antérieur à la grande réformation entreprise par Colbert et terminée par la publication de l'ordonnance des eaux et forêts en 1669. Dès 1667, le nombre des officiers de chaque maîtrise particulière fut fixé à cinq, à savoir un maître particulier, un lieutenant, un procureur du roi, un garde-marteau et un greffier. Il y avait environ cent cinquante maîtrises particulières.

Le nombre des grandes maîtrises, qui avait été fixé à huit en 1667, fut porté à seize en 1689, et plus tard à dix-huit.

Quant aux Tables de marbre, elles subirent dans le cours du dix-huitième siècle de graves modifications. Aux huit anciennes, Louis XIV en ajouta une à Metz (1679), une à Besançon (1692), une à Tournay; puis, en 1704, un édit les supprima toutes sans exception et les remplaça par des *Chambres souveraines des eaux*

[1] V. les lettres patentes du mois de novembre 1508.

[2] Edit de Villers-Cotterets (mars 1558). La compétence des tribunaux ordinaires pour les contestations civiles avait été reconnue par diverses ordonnances de 1346, 1362, 1376, 1388 et 1390. V. Pardessus, p. 268.

et forêts créées dans tous les Parlements. Cet édit, comme tant d'autres de la même époque, avait une portée plus financière qu'administrative ; on voulait seulement créer des offices vénaux. Il ne fut qu'imparfaitement exécuté. Les nouvelles Chambres des eaux et forêts ne furent installées qu'à Douai et à Besançon ; à Rennes et à Toulouse la juridiction forestière fut attribuée aux Parlements, où l'on créa seulement de nouveaux offices de conseillers. Les Tables de marbre de Paris et de Bordeaux furent rétablies en 1704 et 1705 ; celles qui étaient établies auprès des autres Parlements ne furent pas interrompues dans l'exercice de leurs fonctions; et celle de Dijon fut même érigée en dernier ressort.

La compétence des officiers des eaux et forêts avait été définie par la grande ordonnance de 1669 [1] et par quelques arrêts du Conseil rendus depuis. Elle comprenait toutes les contestations civiles et criminelles relatives aux eaux et forêts, dont la connaissance est aujourd'hui répartie par le Code forestier et les lois sur la pêche entre les Conseils de préfecture, les tribunaux civils et les tribunaux correctionnels. Toutes les questions relatives à la propriété des bois domaniaux, à l'existence ou à l'étendue des droits d'usage, se trouvaient ainsi portées devant eux ; mais ils ne pouvaient connaître de la propriété des eaux et bois appartenant aux communautés ou particuliers, à moins qu'elle ne fût connexe à un fait de réformation et visitation, ou incidente et proposée pour défense contre la poursuite.

Ils jugeaient aussi les difficultés soulevées à l'occasion du service des bacs et bateaux, du curage des rivières ; ils connaissaient de toutes actions procédant de contrats pour fait de marchandise de bois, pourvu que ces contrats eussent été faits avant le transport des marchandises hors des forêts. Ils jugeaient les différends sur le payement des ouvriers employés dans les forêts et sur les rivières du domaine; enfin ils connaissaient de tous délits de chasse et de pêche, même des querelles, excès, assassinats et meurtres commis à l'occasion de la chasse ou de la pêche.

Les affaires étaient portées en première instance devant la maîtrise particulière, puis par appel à la Table de marbre, et enfin,

[1] Ordonnance des eaux et forêts de 1669, titre Ier, *De la juridiction des eaux et forêts.*

s'il y avait lieu, au Parlement [1]. Mais en matière criminelle et en matière de réformation, la Table de marbre jugeait en dernier ressort. Par exception, les questions de propriété se portaient directement à la Table de marbre, et les juges gruyers pouvaient connaître des menus délits jusqu'à douze livres d'amende. Les grands maîtres exerçaient, dans leurs tournées, la juridiction de la Table de marbre et toutes les commissions dont ils étaient spécialement chargés par arrêts du Conseil. En ce dernier cas leurs sentences ne pouvaient être déférées qu'au Conseil.

V.

Amirautés.

L'établissement de l'office d'amiral de France remonte à l'an 1327 [2]. Une juridiction sur le commerce de mer et sur les prises maritimes fut attachée de tout temps à cet office. L'art. 2 de l'ordonnance du 7 décembre 1373 déclare que la juridiction de l'amirauté s'étend sur toutes les affaires de la mer et dépendances, criminellement et civilement. Les procès se portaient en première instance devant les lieutenants de l'amiral, aux siéges particuliers d'amirauté, et par appel à la Table de marbre. Les décisions de la Table de marbre pouvaient être déférées au Parlement [3].

Le pouvoir de l'amiral ne s'étendait d'abord qu'aux rivages de la Normandie, de la Picardie et de l'Aquitaine. Dans les autres provinces, les affaires maritimes étaient jugées par les tribunaux ordinaires, sauf appel aux Parlements. Cet état de choses ne fut maintenu qu'en Bretagne [4]. Les siéges d'amirauté furent créés en Provence par un édit de 1555, et dans le Languedoc par un édit de 1630.

La compétence des juges d'amirauté fut déterminée en dernier lieu par l'ordonnance de la marine de 1681 [5]. Elle comprenait

[1] V. les titres III à XIV de l'ordonnance des eaux et forêts de 1669.

[2] Pardessus, *Organisation judiciaire*, p. 260 et 274.

[3] Arrêt du 13 juillet 1399, édit de 1543, art. 2. L'ordonnance de 1681 conféra aux amirautés particulières le droit de juger en dernier ressort jusqu'à 50 livres.

[4] Arrêt du Conseil du 2 mars 1585.

[5] Ordonnance de la marine de 1681, liv. I, tit. II, *De la compétence des juges de l'amirauté*.

généralement toutes les contestations relatives au commerce de mer et à la police de la marine marchande. L'ordonnance ajoute que les officiers d'amirauté connaîtront des droits de congé, tiers, dixième, balises, ancrage et autres appartenant à l'amiral[1], ensemble de ceux qui seront levés ou prétendus par les seigneurs ou autres particuliers voisins de la mer sur les pêcheries ou poissons, et sur les marchandises ou vaisseaux sortant des ports ou y entrant ; de la pêche qui se fait en mer dans les étangs salés et aux embouchures des rivières, des parcs et pêcheries, de la qualité des rets et filets, et des ventes et achats des poissons dans les bateaux ou sur les grèves, ports et havres ; des dommages causés par les bâtiments de mer aux pêcheries construites même dans les rivières navigables, et de ceux que les bâtiments en recevront, ensemble des chemins destinés pour le halage des vaisseaux venant de mer ; des dommages faits aux quais, digues, jetées, palissades et autres ouvrages faits contre la violence de la mer, enfin de tous différends qui naîtront à l'occasion des gens de la mer, comme aussi des délits qui seront commis par ceux qui feront la garde des côtes, tant qu'ils seront sous les armes. On peut poser en règle générale que toutes les difficultés relatives à la délimitation, à la conservation et à la police des rivages de la mer appartenaient aux officiers d'amirauté.

Quant aux prises maritimes, nous avons déjà montré que cette attribution fut enlevée aux amirautés vers le milieu du dix-septième siècle et confiée à un Conseil des prises et au Conseil d'État. Les amirautés ne conservèrent que l'instruction de ces sortes d'affaires.

VI.

Connétablie.

Le connétable et les maréchaux de France avaient, comme l'amiral, une juridiction propre, qui, dès l'an 1356, se tenait à Paris, au siége de la Table de marbre[2]. La compétence de la connétablie s'étendait d'abord à toutes les affaires civiles et cri-

[1] La connaissance du fond de ces droits fut enlevée aux amirautés en 1739 et donnée à une Commission. Les résultats du travail de cette Commission durent être portés au Conseil du roi (arrêt du Conseil de 1756).

[2] V. une ordonnance de 1356 et une de 1373 citées par Pinson, *Maréchaussée de France*, p. 5.

minelles concernant les gens de guerre et le service de la guerre. Mais de bonne heure elle fut amoindrie et finit par disparaître presque entièrement. La juridiction militaire fut confiée aux Conseils de guerre et aux intendants[1]. Quant aux contestations relatives aux fournitures et au service de la guerre en général, nous avons vu qu'elles furent attribuées d'abord à la Cour des aides, puis au Conseil d'Etat.

Toutefois le siége de la connétablie, institué à Paris, subsista pour juger, sauf appel au Parlement, les procès dirigés par ou contre les gens de guerre, à raison de leur solde, ou d'obligations par eux contractées, soit envers des prêteurs, soit envers des marchands ou fournisseurs[2]. Sa principale attribution consistait à juger les plaintes formées contre les gendarmes pour violences par eux commises dans l'exercice de leurs fonctions.

VII.

Hôtel-de-Ville de Paris.

La juridiction de l'Hôtel-de-Ville de Paris était un reste des anciennes juridictions municipales qui furent généralement supprimées au seizième siècle par l'ordonnance de Moulins. Elle se composait du prévôt des marchands, du procureur du roi, de quatre échevins, des conseillers de ville, d'un greffier et d'un receveur.

Sa compétence avait été définie, en dernier lieu, par un long édit de décembre 1672, en trente-trois titres, portant confirmation des priviléges de l'Hôtel-de-Ville de Paris. Un autre édit non moins important, du mois de juin 1700, traça la démarcation entre la juridiction du lieutenant de police et celle du prévôt des marchands.

L'Hôtel-de-Ville de Paris connaissait des difficultés relatives aux rentes constituées sur la ville, de l'immatricule des rentiers et de toutes contestations entre ces derniers et les payeurs, de la police des ports, quais et marchés, et de toutes les contestations relatives à l'approvisionnement de Paris par la Seine et les ri-

[1] Ordonnance de juillet 1665.

[2] Edit de janvier 1660. Les attributions conservées par cet édit furent encore restreintes par la suite. Le bailli de l'arsenal à Paris avait aussi une juridiction qui fut supprimée par un édit d'avril 1788.

vières affluentes. Lors de l'établissement de la capitation et du dixième, le jugement des contestations fut aussi attribué, à Paris, à l'Hôtel-de-Ville[1].

Les appels des sentences de l'Hôtel-de-Ville se portaient en général au Parlement. Toutefois, en matière d'impôts, ils devaient être portés au Conseil, et, en matière d'octrois, à la Cour des aides.

VIII.

Lieutenants de police.

La charge de lieutenant général de police à Paris fut créée par un édit du mois de mars 1667. Ses fonctions, démembrées de celles du lieutenant civil, furent définies par l'édit de création. Elles comprenaient toutes celles qu'exerce aujourd'hui le préfet de police, et de plus une véritable juridiction correctionnelle sur les coupables pris en flagrant délit. Plus tard, des charges semblables furent créées dans les principales villes de France.

Ainsi que nous l'avons déjà fait remarquer, une grande partie des attributions contentieuses, conférées aux intendants dans les provinces, furent attribuées, dans la généralité de Paris, au lieutenant de police, qui jugeait alors sauf appel au Conseil.

IX.

Cours des aides.

Les diverses juridictions que nous venons de passer en revue étaient avant tout des juridictions domaniales. Quand les revenus du domaine se trouvèrent insuffisants pour faire face aux dépenses publiques, il fallut recourir à des impositions, et ce service tout distinct eut aussi sa juridiction spéciale. La distinction ne se fit pas tout d'abord. Ainsi on trouve des arrêts du Parlement rendus en 1278 sur des contestations en matière de tailles. Plus tard, dans les premières années du quatorzième siècle, ces sortes de questions semblent être plus particulièrement dévolues

[1] Voir, outre les ordonnances de 1672 et de 1700, celle du 14 déc. 1682 sur les transports par eau, l'édit de novembre 1689 portant création de rentes viagères sur l'Hôtel-de-Ville de Paris, l'arrêt du Conseil du 11 mai 1700 portant création d'une loterie royale, et la déclaration du 16 mai 1765 sur les limites de la ville de Paris.

à la Chambre des comptes [1]; cependant, en général, l'ordonnance qui établit une imposition institue en même temps une commission particulière pour recevoir et employer les fonds, et juger les contestations [2].

Sous le règne du roi Jean, la guerre contre les Anglais entraîna des dépenses énormes. Les états généraux, tant de la Langue d'oïl que de la Langue d'oc, accordèrent, en 1355, une aide extraordinaire, mais exigèrent que l'administration de ces fonds restât entre leurs mains [3]. Neuf généraux surintendants et deux receveurs généraux furent installés par les Etats de Languedoïl pour centraliser la perception et la gestion confiées dans les divers diocèses à des députés et à des receveurs particuliers. Il fut expressément stipulé que les décisions des généraux des aides vaudraient *comme arrêt de Parlement* [4].

[1] Voir, par exemple, les ordonnances des 17 février 1349, art. 18 (*Ord.*, t. II, p. 318), et 3 mai 1351, art. 31 (*Ib.*, t. II, p. 423).

[2] Voir, par exemple, les lettres-patentes de juillet 1315 pour la ville de Paris (*Ord.*, t. I, p. 602), celles du 17 novembre 1318 pour le Berry (*Ib.*, t. I, p. 677), celles de juin 1319 pour l'Auvergne (*Ib.*, t. I, p. 692), celles du 20 mars 1342 sur les gabelles (*Ib.*, t. II, p. 179).

[3] V. le *Mémoire pour servir à l'histoire de la Cour des aides* (*de Paris*) *depuis son origine en 1355, sous le roi Jean, jusqu'à sa suppression le 22 janvier 1791, sous le règne de Louis XVI* (par M. Dionis, ancien doyen des conseillers de la Cour). Paris, 1792, in-4°.

[4] Ordonnance du 28 décembre 1355 (*Ord.*, t. III, p. 19), art. 2 : « Item est ordené que des trois Estats dessusdiz seront ordenés et députés certaines personnes, bonnes et honnestes, solvables et loyauls, et sans aucun souspeçon, qui par les pays ordeneront les choses dessusdites, qui auront receveurs et ministres, selon l'ordenance et instruction qui sera faite sur ce; et oultre les commissaires et députés particuliers des pays et des contrées, seront ordonnés et établis, par les trois États dessusdits, neuf personnes bonnes et honnestes, c'est à savoir de chacun État trois qui seront généraux et superintendans sur tous les autres, et qui auront deux receveurs généraux prud'hommes et bien solvables, pour ce que lesdits superintendans ne seront chargés d'aucune recette ne de faire compte aucun. » — Art. 3 : « Item que aus depputez dessusdits tant les généraux comme les particuliers seront tenus de obéir toutes manières de gens, de quelque état ou condition que il soient, de quelque privilége que il usent, et pourront estre contrains par lesdits députés par toutes voies et manières que bon leur semblera; et se il y en avoit aucuns rebelles, ce que ja n'aviegne, que lesdiz députés particuliers ne puissent contraindre, ils les adjourneront pardevant les généraux superintendans qui les pourront contraindre et punir selon ce que bon leur semblera, chacun ceulx de son État, c'est à savoir

Depuis lors, les impositions devinrent à peu près permanentes de fait, sinon de droit. Elles comprenaient les tailles (impôt direct), les aides proprement dites (impôt de consommation, particulièrement établi sur le vin), la gabelle ou impôt du sel, et l'imposition foraine (droits de douane). Les fonctionnaires chargés de ces divers services devinrent, dès 1360, des officiers à la nomination du roi. Ce furent les élus pour les tailles et les aides, les grènetiers pour la gabelle, les maîtres des ports pour l'imposition foraine. Tous ces officiers étaient à la fois administrateurs et juges du contentieux en première instance[1]. L'administration supérieure et la juridiction en dernier ressort appartinrent aux *généraux des finances*. C'est de là qu'est sortie plus tard la Cour des aides.

Nous allons étudier d'abord l'organisation et ensuite la compétence de cette Cour.

Sous les règnes de Charles V et de Charles VI, les généraux des aides furent en général au nombre de quatre. Depuis l'an 1388 leurs attributions furent partagées[2]. Deux d'entre eux furent spécialement commis sur le fait de la justice; les deux autres conservèrent l'administration supérieure. Nous avons déjà vu qu'une distinction semblable avait été faite entre les trésoriers de France à la même époque.

A côté des trésoriers de France, Charles VI avait établi la Chambre du Trésor. De même, à côté des généraux des finances, il établit trois conseillers pour « avec les généraux expédier les causes, oyr les plaidoiries et faire les appointemens entre les parties, et gouverner le fait de la justice touchant les aides en la forme et manière que iceux généraux pourroient faire[3]. » On

les clercs sur les clercs, et chacun des autres États sur ceulx de son État, présens toutes voyes et conseillans leurs compaignons des autres États : et vaudra et tendra ce qui sera fait et ordené par lesdis générauls députés *comme arrêt de Parlement* sans ce que on en puisse appeler, ou que, sous umbre de quelconque appel, l'exécution de leurs sentences ou ordenances soit retardée en aucune manière. »

[1] V. l'ordonnance du 5 décembre 1360 et l'instruction du 18 décembre suivant (*Ord.*, t. III, p. 433).

[2] V. lettres du 9 février 1387 et du 28 février 1388 (*Ord.*, t. VII, p. 228). Un instant supprimée par lettres du 11 avril 1390 (*Ib.*, t. VII, p. 336), la distinction fut définitivement rétablie par lettres du 11 mars 1390 (*Ib.*, t. VII, p. 404).

[3] Lettres patentes du 21 avril 1390, citées par M. Dionis (*Mémoire pré-*

voit par là qu'il y avait un parallélisme parfait entre l'administration du domaine et celle des impositions.

« L'ordonnance du 7 janvier 1407, dit M. Dionis[1], paraît avoir fixé les généraux des aides au nombre de onze, savoir : article 1er, les généraux sur la finance à trois ; et article 2, les généraux sur la justice à quatre, et un président. Et quoique cette ordonnance ne parle point des trois conseillers qui avaient été créés en 1390, on voit cependant, par les registres de la Cour des aides, qu'ils continuèrent de faire leurs fonctions, au moyen de quoi la Cour des aides se trouva composée de onze personnes, dont trois sur la finance et huit sur la justice. Ce dernier nombre sur la justice est confirmé par les lettres du 26 février 1413, qui défendent de recevoir sur la justice un plus grand nombre qu'un président, quatre généraux et trois conseillers. »

Les généraux des aides sur le fait de la finance se maintinrent jusqu'au milieu du seizième siècle[2]. Charles VII en établit quatre, qui exerçaient leurs fonctions sur toute la France, tant en Languedoc qu'en Langued'oïl. Dès le règne de Charles VI, on avait voulu réunir leurs charges à celles des trésoriers de France ; mais cette réunion, tentée en 1411[3], ne put être définitivement opérée qu'au seizième siècle. Nous en avons parlé dans l'article consacré aux trésoriers de France.

Quant à la Cour des aides, elle resta composée de huit officiers seulement jusqu'au règne de François Ier[4]. En 1522 et en 1543,

cité, p. 92). La distinction entre les généraux et les conseillers ne fut effacée que par édit du mois d'août 1550. V. M. Dionis, *Mémoire précité*, p. 186.

[1] *Mémoire précité*, p. 95.

[2] V. M. Dionis, *Mémoire précité*, p. 120 et 142. Les généraux des finances étaient toujours considérés comme étant du corps de la Cour des aides, où ils avaient entrée ; de même que les trésoriers de France restèrent du corps de la Chambre des comptes.

[3] V. M. Dionis, *Mémoire précité*, p. 116 et 123, et l'ordonnance du 25 mai 1413 (*Ord.*, t. X, p. 70). L'art. 1er remplace les trésoriers et les généraux *par des commis qui seront appelés les commis par nous ordonnés au gouvernement de toutes les finances de notre royaume.* Ces commis s'assembleront *tant pour le fait de notre dit domaine comme de nos dits aides ès Chambres de nostre Trésor et desdits aydes, à ce ordonnés en nostre palais.* On sait que cette ordonnance n'eut pas d'exécution. Une tentative semblable eut lieu sous la domination anglaise. V. l'ordonnance de Henri V du 11 mars 1420 (*Ord.*, t. II, p. 118).

[4] Louis XI à son avénement supprima la Cour des aides (4 mai 1462), et en attribua la juridiction aux maîtres des requêtes de l'hôtel, auxquels il

de nouveaux offices de présidents et de conseillers furent ajoutés aux anciens. Un édit de 1551 divisa la Cour en deux chambres. Le nombre des présidents fut alors porté à quatre et celui des conseillers à seize. Enfin, une troisième chambre fut instituée en 1635[1]. De nombreux offices furent encore créés sous le règne de Louis XIV, en sorte que depuis 1704 la Cour se trouva composée d'un premier président, neuf présidents, cinquante-deux conseillers, trois avocats généraux, un procureur général, deux greffiers en chef, cinq notaires et secrétaires du roi et quatre substituts[2].

Il n'est pas inutile de faire remarquer que l'inamovibilité des offices de magistrature, instituée par l'ordonnance du 21 octobre 1467, s'appliquait à la Cour des aides aussi bien qu'à la Chambre des comptes et au Parlement[3].

La compétence de la Cour des aides est facile à définir[4]. Elle jugeait souverainement et en dernier ressort tout le contentieux des impositions publiques. L'ordonnance du 24 juin 1500, qui résume et confirme toutes les dispositions antérieures, porte que la Cour des aides connaît de tous les procès civils et criminels relatifs aux impôts *mis et à mettre*.

Nous n'avons pas à faire ici l'histoire des impositions publiques en France. L'ordonnance du 24 juin 1500 précitée et l'édit de mars 1551 contiennent une énumération de celles qui existaient alors. Elles peuvent se ramener à quatre genres : la

adjoignit trois des conseillers supprimés. Mais il rétablit la Cour deux ans après (lettres du 3 juin 1464), par ce motif que *les maîtres des requêtes, à cause de leurs autres occupations, ne pouvaient bonnement vaquer au fait et exercice de ladite justice des aides*, ce qui portait préjudice *aux deniers des finances*. V. M. Dionis, *Mémoire précité*, p. 160. V. aussi une requête présentée au roi et au grand Conseil en 1468 par le procureur général à la Cour sur les abus et les scandales de la Cour, et publiée dans la *Bibliothèque de l'école des chartes*, volume de 1848-49, p. 60.

[1] Édit de décembre 1635. V. M. Dionis, *Mémoire précité*, p. 247.

[2] M. Dionis, *Mémoire précité*, p. 287. L'origine du parquet est aussi ancienne que celle de la Cour. Il est déjà fait mention du procureur général dans un règlement du 24 janvier 1372 (*Ord.*, t. V, p. 578), et M. Dionis, *Mémoire précité*, p. 63.

[3] M. Dionis, *Mémoire précité*, p. 161.

[4] Les lettres patentes du 9 février 1387 donnent aux généraux la connaissance *de tous plaids, débats ou questions touchant lesdites aides, circonstances et dépendances* (*Ord.*, t. VII, p. 762). V. aussi l'édit de création de la Cour des aides de Montpellier (20 avril 1437).

taille, les aides, les gabelles, les traites. Tous les procès relatifs à ces impositions avaient pour juges en première instance les élections, greniers à sel et juges des traites, et en appel la Cour des aides.

Un instant les appels en matière de gabelles et de traites furent renvoyés au Parlement. C'est ce qui eut lieu pour les gabelles en vertu d'une déclaration du 1er avril 1538, et pour les traites en vertu d'un édit de septembre 1549. Mais l'édit de mars 1551, qui créa une deuxième Chambre à la Cour des aides de Paris, rétablit en même temps cette Cour dans tous ses droits antérieurs.

La Cour des aides resta jusqu'à l'avénement de Louis XIV exclusivement compétente pour connaître du contentieux des impositions. Mais à partir de cette époque, une puissance rivale, celle des intendants et du Conseil d'Etat commença à s'établir. Nous avons expliqué déjà quelle était la juridiction des intendants et du Conseil en matière de finances. On peut dire en général que cette juridiction s'étendit à tous les impôts de création nouvelle.

Toutefois, une réaction en sens contraire se fit sentir au commencement du règne de Louis XVI. Divers édits rendirent aux élus en première instance et aux Cours des aides en appel la connaissance de certaines matières contentieuses antérieurement attribuées aux intendants sauf appel au Conseil. C'est ce qui eut lieu pour les droits réservés en 1777, pour les droits d'inspecteurs aux boucheries en 1780, et pour ceux d'inspecteurs aux boissons en 1781. Enfin, l'opposition aux cotes d'offices dressées par les intendants en matière de tailles dut être portée par appel à la Cour des aides et non au Conseil.

Indépendamment de ses attributions comme Cour d'appel, la Cour des aides connaissait encore de certaines matières *en première instance et dernier ressort.*

Ainsi, quand un comptable avait été jugé par la Chambre des comptes et trouvé en débet, c'était à la Cour des aides qu'il appartenait de poursuivre le reliquataire et de faire vendre ses biens.

Elle connaissait encore des procès mus et à mouvoir pour raison des dons faits par le roi, récompenses, assignations, gages, amendes, adjugées soit par elle, soit par les Parlements, fournissement de greniers et réformation de gabelle.

Elle connaissait enfin de tous contrats faits entre fermiers et munitionnaires pour raison de leurs fermes, munitions, cessions, transports et associations pour le fait des aides, munitions, impositions et gabelles.

Ces attributions, qui résultaient de l'édit de Henri II, ne tardèrent pas à être entamées. Les procès contre les financiers et traitants furent presque toujours confiés à des Chambres royales, composées d'officiers de toutes les Cours souveraines. Ceux des munitionnaires et fournisseurs finirent par être constamment évoqués au Conseil d'Etat ou à des commissions de maîtres des requêtes, en sorte que, sans être abrogé expressément, l'édit de 1552 tomba peu à peu en désuétude.

Dès son origine, la Cour avait eu le droit exclusif de police et de correction sur tous ses membres, ainsi que sur les officiers soumis à sa juridiction (élus, grènetiers, maîtres des ports, receveurs, etc.) pour faits commis dans l'exercice de leurs fonctions. Elle avait par contre le droit de punir et réprimer les injures et excès faits à leurs personnes.

La juridiction criminelle de la Cour allait *jusqu'à condamnation et exécution corporelle, et mêmement de mort et abscission de membres*. L'ordonnance du 24 juin 1500, qui confirme ce droit, exige seulement que, pour condamner à mort ou abscission de membres, la Cour soit au complet de huit conseillers.

Entre les Parlements et les Cours des aides, les conflits étaient fréquents. Un édit du 20 décembre 1559 décida qu'à l'avenir ces conflits seraient vidés *amiablement et fraternellement*. La question de compétence devait d'abord être discutée dans une conférence entre les avocats et procureurs généraux des deux Cours. Si les gens du roi ne pouvaient tomber d'accord, la décision devait être rendue par la grand'chambre du Parlement réunie aux commissaires députés par la Cour des aides.

Ce règlement fut observé jusqu'à l'ordonnance du mois d'août 1669, qui dispose (titre XI, art. 12) que dans le cas où les gens du roi des deux Cours ne s'accorderont pas, les parties se pourvoiront directement au Conseil, en règlement de juges, tant au civil qu'au criminel[1].

Le ressort de la Cour des aides de Paris n'était pas le même

[1] V. M. Dionis, *Mémoire précité*, p. 200.

que celui du Parlement. Il s'étendait à tous les pays qui faisaient partie de la Langued'oïl sous le règne de Charles V.

Les Etats de Languedoc, avec le Rouergue, le Quercy et la partie alors française de la Guienne eurent, dès l'an 1390, leurs généraux des finances chargés d'administrer tous les deniers levés au profit du roi dans la province et même les revenus du domaine [1]. Ils étaient investis de la juridiction contentieuse comme les généraux de Langued'oïl. Ces généraux furent érigés en Cour des aides en 1437 [2], et rendus sédentaires à Montpellier en 1467, puis réunis à la Chambre des comptes en 1629.

La compétence de la Cour des aides de Montpellier était la même que celle de la Cour de Paris [3].

La Cour des aides de Rouen, qui avait pour ressort la Normandie, paraît avoir été créée en 1450 par démembrement du ressort de la Cour de Paris. Elle fut réunie à la Chambre des comptes de Normandie en 1705 [4].

Une Cour des aides fut créée en 1557 à Clermont-Ferrand. Elle eut pour ressort l'Auvergne avec les élections de Limoges, Gannat, Tulle, Brives et Guéret.

La Cour des aides de Bordeaux pour le ressort du Parlement de Bordeaux fut créée en 1637.

Celle de Pau, créée en 1632, fut réunie en 1633 au Parlement de Navarre.

Celle de Cahors, établie en 1642, fut transférée à Montauban en 1659. Son ressort comprenait les onze élections de Montauban, Cahors, Figeac, Villefranche, Rodez, Milhau, Lomagne, Rivière-Verdun, Armagnac, Astarac et Comminges.

La Cour des aides de Grenoble fut créée en 1638 et unie au Parlement de Dauphiné en 1658.

D'autres Cours, créées sous Henri II à Périgueux (1553) [5] et

[1] *Mémoire pour servir à l'histoire du Languedoc*, par M. de Basville, intendant de cette province. Amsterdam, 1734, p. 143. V. aussi M. Dionis, *Mémoire précité*, p. 142.

[2] Lettres patentes du 20 avril 1437.

[3] V. les édits des 19 juillet 1512, 15 octobre 1513 et 1552.

[4] Houard, *Dictionnaire du droit normand*, v° ECHIQUIER. Rouen, 1780. La compétence de cette Cour fut définie par une déclaration du roi Charles VIII en 1483.

[5] V. M. Dionis, *Mémoire précité*, p. 195.

sous Louis XIII dans les villes d'Agen (1629), Lyon (1636) et Caen (1638) ne durèrent que quelques années.

Dans la plupart des provinces qui furent successivement réunies à la couronne existaient déjà des Cours souveraines, qui étaient à la fois Cours des aides et Chambres des comptes, par exemple, en Provence, en Bourgogne, en Franche-Comté, dans le Barrois et la Lorraine. Elles furent maintenues lors de la réunion à la France. Toutefois, la Chambre des comptes et aides de Dijon fut réunie au Parlement de Bourgogne en 1630, et celle de Dôle au Parlement de Franche-Comté en 1771.

Les Parlements de Rennes, de Metz et de Douai étaient en même temps Cours des aides en vertu des édits de création.

Enfin, dans les provinces les plus récemment conquises, comme l'Alsace, le Roussillon, la Corse, on n'établit ni élections ni Cours des aides. L'administration financière fut laissée aux intendants, qui devinrent juges du contentieux en première instance sauf appel au Conseil d'Etat.

X.

Élections.

Nous venons de montrer l'origine des élections en parlant de la Cour des aides. Nous voyons, par une ordonnance de saint Louis [1], que dans les villes où le roi levait des tailles, les bourgeois élisaient des commissaires chargés de la répartition. Cette institution fut généralisée par l'ordonnance du 28 décembre 1355, et des *élus* furent établis dans tous les diocèses pour l'administration locale et la juridiction de première instance en matière d'impôts. Dès le règne de Charles V, ils devinrent des officiers nommés par le roi, mais n'en gardèrent pas moins le nom d'*élus*.

Sous le règne de Charles VII, la taille étant devenue perpétuelle, l'institution des élus fut de nouveau consacrée et reçut sa forme à peu près définitive [2].

Pour rapprocher les juges des justiciables, l'ordonnance de 1452 porte que les élus établiront dans leur élection des siéges

[1] *Ordonnances*, t. I, p. 291.

[2] V. les ordonnances des 19 juin 1445 et 26 août 1452 (*Ordonnances*, t. XIII, p. 428, et t. XVI, p. 280).

de six en six lieues, dans lesquels ils tiendront leurs assises à certains jours, ou tout au moins entretiendront un commis et un greffier pour l'expédition des petites causes. Ce fut l'origine de ce que l'on appela *les élections particulières* par opposition aux *élections en chef*. Ces élections particulières furent tour à tour supprimées et rétablies, puis enfin supprimées définitivement par les édits d'août 1681 et de janvier 1685, qui, comme nous le verrons plus loin, réunirent les greniers à sel aux élections.

Au dix-huitième siècle, on comptait cent quatre-vingts élections réparties en vingt généralités [1].

En chaque élection, on trouvait deux présidents, un lieutenant, un assesseur et plusieurs conseillers, un procureur du roi, un greffier et plusieurs huissiers et procureurs. L'élection de Paris comptait jusqu'à vingt conseillers.

La juridiction des élections s'étendait dans le principe à toutes les contestations en matière d'impôts, directs ou indirects. Il n'y eut d'exception, comme nous le verrons tout à l'heure, que pour l'impôt du sel et la douane. L'ordonnance précitée du 19 juin 1445 leur attribue compétence pour toutes les causes relatives aux impôts *qui ont été et au temps à venir seront mis sus*. D'après la grande ordonnance des fermes de juillet 1681, qui codifia toutes les dispositions antérieures, les élus devaient connaître en première instance de tous les procès relatifs aux droits d'aides et d'octroi [2], aux droits sur le tabac, la marque d'or et d'argent, le papier timbré, etc.; ils jugeaient les contestations entre les fermiers et les sous-fermiers des aides, et les commis des fermes ne pouvaient être traduits que devant eux pour faits commis dans le cours et à l'occasion de leurs exercices. Le contentieux de la taille leur fut conservé par tous les règlements. A ce titre, ils connaissaient des demandes en surtaux, en radiation de cote, des demandes à fin de reconnaissance de privilèges et exemptions, des plaintes d'abus et malversations contre les collec-

[1] En voici le détail : Généralité de Paris 22 élections, Amiens 6, Soissons 7, Orléans 12, Bourges 7, Moulins 7, Lyon 5, Champagne 12, Tours 16, Poitiers 9, La Rochelle 5, Limoges 5, Bordeaux 5, Riom 6, Montauban 6, Auch et Pau 12, Grenoble 6, Rouen 14, Alençon 9, Caen 9. Les autres généralités étaient pays d'États ou pays conquis, et n'avaient pas d'élections.

[2] Même pour la part du droit d'octroi qui appartenait aux villes (édit d'août 1764, art. 50).

teurs, même des rébellions contre les agents chargés de recouvrer les impositions.

Leur juridiction était, comme on le voit, à la fois civile et criminelle; ils pouvaient prononcer toutes les peines et même celle de mort.

D'après l'ordonnance du 26 août 1452, les élus doivent juger *sommairement et de plain, sans figure de jugement et sans forme de plaidoirie.* Ce principe fut maintenu et développé par tous les règlements postérieurs, notamment par les déclarations des 17 février 1688 et 23 avril 1778, qui tracèrent en dernier lieu les formes de la procédure devant les élections.

Ce principe conduisit même à attribuer aux élections le dernier ressort jusqu'à un taux déterminé. Une ordonnance de 1552 fixa ce taux à dix sols. Il fut porté à dix livres en 1600, à vingt livres en 1634 et enfin à cinquante livres en 1685. On posa la même règle en matière d'aides, jusqu'à cinquante francs d'amende, ou quand la demande en confiscation n'excéderait pas un quart de muid d'eau-de-vie, un muid de vin ou deux muids de bière, cidre ou poiré.

Jusqu'au dix-septième siècle, les fonctions confiées aux élus avaient été plus considérables. Nous voyons, par exemple, par les édits de 1552 et de 1578 que les élus étaient chargés de veiller à la réparation des chemins, ponts et chaussées, qu'ils recevaient les comptes des fabriques et jugeaient les contestations relatives aux étapes. Toutes ces attributions passèrent peu à peu entre les mains des trésoriers de France et des intendants, et, depuis le dix-huitième siècle, on eut soin d'attribuer constamment aux intendants le contentieux des impôts nouvellement établis. Le département de la taille entre les paroisses de l'élection fut également transféré des élus à l'intendant, qui dut seulement prendre l'avis des élus; enfin les droits d'aides cessèrent d'être affermés par les élus, l'adjudication s'en fit en bloc pour tous les pays assujettis et par le Conseil d'Etat.

Les généralités où il n'existait point d'élections étaient les pays d'Etats ou les pays récemment réunis à la France [1].

Dans les pays d'Etats, par exemple, en Bourgogne, en Langue-

[1] V. les mémoires de Moreau de Beaumont sur les impositions.

doc, le contentieux de la taille appartenait aux juges ordinaires en première instance, sauf appel aux Cours des aides [1].

Dans les pays récemment réunis, comme l'Alsace, le Roussillon, le Hainaut, les trois évêchés, le contentieux des tailles appartenait aux intendants, sauf appel au Conseil.

En Languedoc, où les aides n'avaient pas cours, on levait une taxe appelée *équivalent*, établie sur le vin, la chair fraîche et salée, et le poisson [2]. Les contestations relatives à cette perception avaient eu d'abord leurs juges particuliers dans les *conservateurs de l'équivalent* établis à Toulouse, à Carcassonne, à Béziers, à Montpellier et au Puy. Mais une déclaration du 9 septembre 1467 supprima ces siéges, à l'exception de celui de Montpellier, et transféra leur compétence aux sénéchaussées, sauf appel à la Cour des aides.

XI.

Greniers à sel.

L'impôt du sel était déjà connu depuis longtemps au quatorzième siècle; il devint permanent sous le règne de Philippe de Valois. L'Etat prit le monopole du sel et établit des greniers pour la vente, qui était libre ou forcée, suivant les localités. Des lettres patentes du 20 mars 1342 chargèrent six conseillers du roi d'organiser et de diriger tout ce service, et leur conférèrent une juridiction souveraine sur leurs employés. Toutes les contestations relatives à la gabelle devaient être portées devant eux. Plus tard ces commissaires disparurent et les élus furent chargés de juger le contentieux des gabelles comme celui des autres impôts. Toutefois la juridiction des grènetiers se maintint dans les lieux qui n'étaient pas siéges d'élection, et cette règle fut consacrée par l'édit de 1685, qui réunit définitivement les deux juridictions.

Le personnel des greniers à sel se composait de deux grènetiers, deux contrôleurs, un procureur du roi et un greffier. Ils étaient établis dans tous les pays de gabelle, c'est-à-dire à peu près dans la moitié du royaume. On sait qu'un grand nombre de provinces étaient exemptes ou rédimées.

[1] En Franche-Comté c'étaient les présidiaux qui jugeaient en première instance les affaires de tailles, sauf appel à la Cour des comptes, aides et finances de Dôle, et, depuis la suppression de cette Cour, au Parlement (édits de septembre 1696, 18 mai 1706, octobre 1771).

[2] V. Basville, *Mémoires sur le Languedoc*, p. 158.

Leur compétence, réglée par les édits de 1553 et de janvier 1639, et en dernier lieu par la grande ordonnance de mai 1680 sur les gabelles, s'étendait à tout le contentieux de l'impôt du sel et à la répression des contraventions. Ils connaissaient en dernier ressort des demandes en restitution de droits jusqu'à un minot de sel et dix livres d'amende, et des oppositions en surtaux jusqu'à un quart de minot.

En Languedoc, la juridiction des gabelles appartenait à des officiers particuliers, nommés *visiteurs* ou *contrôleurs*, établis au siége de chaque sénéchaussée (Beaucaire, Rouergue, Carcassonne et Toulouse) et ayant en outre des lieutenants à Montpellier, Aiguesmortes et Pézenas[1]. L'appel de leurs sentences ressortissait à la Cour des aides de Montpellier.

XII.

Maîtres des ports et juges des traites.

Dès le règne de Philippe le Bel nous trouvons un grand-maître des ports et passages, investi de juridiction sur toutes les contestations et contraventions relatives au service des traites et droits de douane. Cette juridiction fut confirmée par le roi Jean en 1358. Plus tard le grand-maître disparut, mais les maîtres particuliers restèrent, et exercèrent une juridiction de première instance, sauf appel à la Cour des aides. Cette compétence, réglée par l'édit de 1551, mais surtout par le titre XII de l'ordonnance de février 1687 et par l'édit de mai 1691, s'étendait à tous les différends civils et criminels concernant les droits levés sur les marchandises et denrées sortant du royaume, ou apportées soit des pays étrangers, soit des provinces réputées étrangères[2]. Aux termes de l'or-

[1] Mémoires de Basville, p. 144.

[2] Ordonnance de février 1687, tit. XII, art. 1er : « La connaissance de tous les différends civils et criminels concernant nos droits de sortie et d'entrée, et de ceux qui naîtront en exécution du présent règlement, appartiendra en première instance aux maîtres des ports, leurs lieutenans, juges des traites et autres auxquels nous l'avons attribuée par leurs provisions ou commissions, chacun dans l'étendue du ressort qui lui aura été marqué, et par appel en nos Cours des aides. Défendons à tous autres juges, même aux officiers de nos élections d'en prendre connaissance, à la réserve toutefois de ceux de l'élection de Paris qui pourront en connaître en première instance dans l'étendue de leur ressort. — Art. 2. Les juges par nous pourvus ou commis connaîtront aussi des saisies faites dans les provinces

donnance de juillet 1681, les juges des ports étaient chargés en outre de juger les contestations relatives à la perception du droit de fret sur les navires étrangers [1].

Nous avons montré, dans un précédent article, qu'ici comme partout ailleurs les intendants avaient étendu leur compétence aux dépens des juges primitifs.

Telles étaient, à la fin du dix-huitième siècle, les juridictions exceptionnelles, qui, avec les intendants et le Conseil d'Etat, connaissaient des matières réservées, connues aujourd'hui sous le nom de contentieux administratif.

Il nous reste à faire l'histoire des juridictions administratives depuis 1789 jusqu'à nos jours, et à montrer le lien qui, là comme partout ailleurs, rattache étroitement le présent au passé. Ce sera la conclusion de notre travail.

étrangères ou réputées étrangères... — Art. 3. Ils connaîtront aussi des malversations et fraudes des commis et gardes, et des concussions, violences et autres excès par eux commis dans l'exercice de leurs commissions, et ils pourront procéder contre eux extraordinairement jusqu'à sentence définitive inclusivement. »

[1] En Languedoc, les maîtres des ports se nommaient juges des droits d'entrée et de sortie; il y avait dans la province trois bureaux généraux et cinq bureaux particuliers. V. les mémoires de Basville, p. 146.

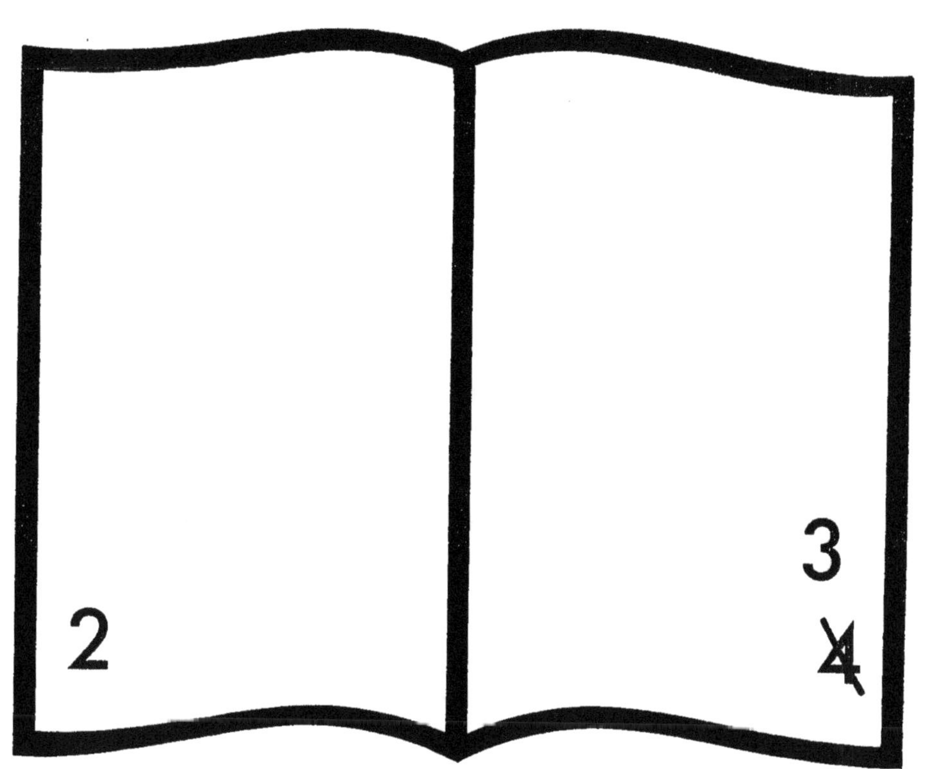
2
3
4

ÉTUDES

SUR LES ORIGINES DU CONTENTIEUX ADMINISTRATIF EN FRANCE.

IV.

Les juridictions administratives depuis 1789.

Nous avons essayé de faire connaître, dans les articles précédents, l'organisation de la justice administrative en France, avant 1789. Il nous reste maintenant à conduire cette histoire depuis 1789 jusqu'à nos jours [1].

En 1789, la justice administrative appelait une réforme. Les anciennes juridictions domaniales et financières pouvaient être sans inconvénient réduites ou même supprimées. Leurs attributions pouvaient être remises aux intendants et au Conseil d'État, ou même aux tribunaux ordinaires.

Ce premier point obtenu, on pouvait demander une délimitation plus précise entre la compétence administrative et la compétence judiciaire, et enfin imposer des formes plus rigoureuses à la juridiction des intendants.

L'initiative de ces utiles réformes appartient au roi Louis XVI. A côté de l'intendant, Louis XVI institua des assemblées provinciales. Chacune de ces assemblées avait un comité permanent auquel fut remise la plus grande partie de l'administration locale; le contentieux administratif resta dans les attributions de l'intendant. Mais cet état de choses ne pouvait être que provisoire; il est évident que, tôt ou tard, les comités permanents des assemblées provinciales seraient devenus ce que sont en Belgique les députations permanentes, et chez nous aujourd'hui les Conseils de préfecture, c'est-à-dire les juges du contentieux administratif en première instance.

[1] Voir le rapport fait au Conseil d'État, en 1850, sur le projet de loi relatif aux Conseils de préfecture, par M. Boulatignier, et le chapitre des tribunaux administratifs, dans les Études administratives de M. Vivien (1852). Voir aussi le remarquable ouvrage de M. de Tocqueville sur *l'Ancien régime et la Révolution* (1856).

En outre, un édit du mois de mai 1788 supprima tous les tribunaux d'exception. Toutes les affaires contentieuses attribuées aux bureaux des finances, aux élections, aux juges des traites, à la chambre du domaine et du trésor, aux maîtrises des eaux et forêts et aux greniers à sel furent rendues aux tribunaux ordinaires. Cet édit ne laissait plus subsister, outre les intendants et le Conseil d'État, que les Chambres des comptes et les Cours des aides. Encore celles-ci étaient-elles déjà réunies aux parlements dans plusieurs ressorts.

L'édit de 1788 ne reçut pas d'exécution. A cette époque les États généraux étaient déjà convoqués, et on leur réserva la réforme de l'organisation administrative. Mais quoique inexécuté, l'édit de 1788 n'en doit pas moins être remarqué comme l'expression de l'opinion publique et des intentions du gouvernement.

Parmi les réformes réclamées par les électeurs de 1789 dans les cahiers qui devaient servir d'instructions aux députés, nous trouvons au premier rang la suppression des tribunaux d'exception. Plus de justice réservée ni d'évocations arbitraires ! Les mêmes juges et des juges indépendants pour toutes les contestations comme pour toutes les personnes ! Tel était le cri général.

Les tribunaux d'exception ne trouvèrent donc pas de défenseurs dans le sein de l'Assemblée constituante. On ne les laissa vivre encore quelque temps que pour coordonner leur suppression avec la double réforme de l'ordre judiciaire et de l'ordre administratif.

Les capitaineries royales disparurent les premières[1], puis les intendants et leurs subdélégués[2]. Bientôt après furent supprimés les juges et officiers des gabelles[3]. Enfin, un décret du 7 septembre 1790, rendu sur le rapport de Merlin, prononça l'abolition de tous les tribunaux exceptionnels, et notamment des élections, greniers à sel, juridictions des traites, grueries, maîtrises des eaux et forêts, bureaux des finances, juridictions et Cours des monnaies, Cours des aides, requêtes de l'Hôtel, grand Conseil, prévôté de l'Hôtel, connétablie.

[1] Décret du 4 août 1789 sur l'abolition du régime féodal, art. 3.

[2] Décret du 22 décembre 1789, section III, art. 9.

[3] Décret du 4 mai 1790.

Aux termes de ce décret, les tribunaux d'amirauté étaient provisoirement maintenus comme juges de police maritime. Les Chambres des comptes devaient aussi subsister jusqu'à nouvel ordre [1]; mais ce provisoire ne dura pas longtemps : les Chambres des comptes furent supprimées par décret du 4 juillet 1791, et les amirautés par décret du 9 août de la même année.

Le Conseil d'État fut aussi emporté comme tout le reste. Un décret du 20 octobre 1789 l'avait autorisé provisoirement à continuer ses fonctions, et lui avait interdit seulement de prononcer des arrêts de son propre mouvement et des évocations avec retenue du fond des affaires. Mais enfin le tribunal de cassation, créé par une loi du 27 novembre 1790, ayant été installé le 20 avril 1791, le Conseil du roi se trouva dissous [2].

L'Assemblée s'occupa ensuite du sort des affaires qui, sous l'ancien régime, avaient été enlevées aux juges ordinaires et attribuées aux juges administratifs. La loi du 7 septembre 1790, qui supprima toutes les anciennes juridictions domaniales et financières, renvoya aux tribunaux ordinaires la connaissance de toutes contestations en matière de contributions indirectes, d'eaux et forêts, de pêche et de grande voirie [3], et aux tribunaux de commerce le contentieux du commerce maritime, dont les amirautés connaissaient antérieurement [4]. Enfin, les tribunaux ordinaires furent encore chargés de juger toutes les affaires qui étaient autrefois de la compétence de la Cour des monnaies [5]. Quant aux affaires qui, sous l'ancien régime, étaient jugées par le Conseil d'État, ou les commissions du Conseil, la loi du 27 avril 1791 les renvoya toutes aux tribunaux ordinaires, c'est-à-dire, suivant les cas, soit au tribunal de cassation, soit aux tribunaux de district [6]. Il restait enfin à régler le sort des affaires qui, avant 1789, étaient jugées par les intendants. Un décret du 9 octobre 1790 renvoya d'abord aux tribunaux ordinaires toutes

[1] Loi du 7 septembre 1790, art. 11 et 12.

[2] Décrets des 14 et 27 avril 1791. — Autre décret du 27 avril 1791 sur l'organisation du ministère, art. 35 : « Les maîtres des requêtes et les conseillers d'État sont supprimés. »

[3] Loi du 7 septembre 1790, art. 2, 6 et 7.

[4] Même loi, art. 8.

[5] Même loi, art. 9.

[6] Loi du 27 avril 1791, art. 1 à 7.

celles de ces affaires qui avaient un caractère criminel. Quant aux affaires civiles, elles furent provisoirement remises à un comité contentieux formé dans chaque directoire de département. Enfin la loi du 27 avril 1791 les renvoya définitivement devant les tribunaux de district, pour y être jugées comme tous autres procès [1].

Ces mesures étaient générales et absolues, et comprenaient même les affaires dans lesquelles la nation plaidait contre des particuliers en qualité de *créancière* ou de *débitrice*. Seulement, ces affaires étaient renvoyées à l'un des six tribunaux de la ville de Paris [2].

Le contentieux administratif de l'ancien régime se trouvait ainsi à peu de chose près entièrement supprimé. Il y eut cependant quelques exceptions que nous allons bientôt faire connaître. Tout en s'abandonnant sans mesure à sa haine contre les institutions de l'ancien régime, l'Assemblée constituante sentait, sans peut-être en bien saisir la raison, que la justice administrative était une institution nécessaire. Voyons donc comment elle fut conduite à relever elle-même ce qu'elle avait renversé.

Dans l'ordre judiciaire, elle créa des tribunaux de district, composés de juges élus ; au-dessous d'eux, des juges de paix, ou des tribunaux de police pris dans les municipalités ; à côté, des tribunaux de commerce ; au-dessus, un tribunal de cassation [3].

Dans l'ordre administratif, elle établit des assemblées électives pour les communes, les districts et les départements. Des municipalités ou des directoires, pris dans le sein de ces assemblées, furent chargés de l'expédition des affaires. La direction centrale dut appartenir au roi et aux ministres. Ces derniers, en se réunissant autour du roi, formaient une sorte de Conseil d'État [4].

L'Assemblée constituante proclama, comme un principe constitutionnel, l'indépendance réciproque de ces deux pouvoirs [5]. Cela voulait dire que les tribunaux ne pourraient plus, comme les

[1] Loi du 27 avril 1791, art. 8 et 9.

[2] Même loi, art. 10.

[3] Loi du 16 août 1790, sur l'organisation judiciaire.

[4] Loi du 14 décembre 1789, sur la constitution des municipalités. — Loi du 22 décembre 1789, sur l'organisation des assemblées administratives. — Loi du 27 avril 1791, sur l'organisation du ministère.

[5] Loi du 16 août 1790, art. 13 et 17. — Constitution du 3 septembre 1791.

anciens parlements, faire des règlements de police ni citer devant eux les administrateurs pour leur demander compte de leurs actes ; mais cela voulait dire, en même temps, que les corps administratifs ne pourraient plus, comme les anciens intendants, se transformer en juges et prononcer sur de véritables procès.

Mais ce n'est pas tout que de poser en principe la séparation absolue et l'indépendance réciproque des pouvoirs. Il faut encore tracer la ligne qui les sépare, indiquer le signe caractéristique des affaires judiciaires et administratives, et donner ainsi une règle pour le jugement des conflits.

L'Assemblée constituante était-elle bien placée pour remplir cette tâche ? Était-il possible de prévoir et de trancher à l'avance tous les conflits qui pouvaient s'élever entre des tribunaux et des corps administratifs d'institution toute nouvelle ? Il est permis d'en douter, surtout si l'on songe qu'aujourd'hui même une semblable loi de compétence n'existe pas encore. Au surplus, une autre raison, plus décisive, paraît avoir détourné l'Assemblée de ce travail. En fait, et par la force des choses, elle était devenue juge des conflits entre l'administration et les tribunaux. Il lui parut sans doute inutile et dangereux de se lier les mains à l'avance, et, suivant en ce point les errements de l'ancienne monarchie, elle se réserva le droit d'expliquer ses intentions suivant les cas qui pourraient se présenter.

On chercherait donc vainement dans les décrets émanés de l'Assemblée constituante une théorie toute faite de la compétence administrative. Mais en revanche un grand nombre de décrets contiennent sur ce sujet des dispositions particulières qu'il est important de recueillir.

Tout en laissant aux assemblées administratives une indépendance exagérée, l'Assemblée constituante les avait cependant assujetties à une certaine hiérarchie. Les municipalités étaient subordonnées aux directoires de district ; ceux-ci aux directoires de département. Enfin l'autorité centrale se trouvait représentée par le roi et par les ministres, ces derniers responsables envers l'Assemblée nationale. Dès lors, indépendamment du droit qui appartenait naturellement à toute autorité administrative de rapporter ou de modifier ses propres actes, soit d'office, soit sur la réclamation des parties intéressées, il était naturel de donner à l'autorité supérieure le même droit à l'égard des actes émanés d'une autorité inférieure. Cette sorte de juridiction gracieuse fut attribuée sans difficulté à l'autorité administrative. Le décret du 14 décembre 1789 sur la constitution des municipalités porte (art. 60) : « Si un citoyen croit être personnellement lésé par quelque acte du corps municipal, il pourra exposer ses sujets de plainte à l'administration ou au directoire du département, qui y fera droit sur l'avis de l'administration du district, qui sera chargée de vérifier les faits. »

Quant aux actes émanés des directoires de département, ils étaient considérés comme rendus en dernier ressort, mais pouvaient cependant être annulés par le roi soit pour incompétence, soit pour violation de la loi ou des ordres émanés de l'autorité supérieure [1]. Une loi remarquable, rendue le 7 octobre 1790 au sujet d'un débat de compétence entre le directoire du département de la Haute-Saône et la municipalité de Gray, déclara que les réclamations d'incompétence à l'égard des corps administratifs devaient être portées au roi, chef de l'administration générale, et n'étaient, dans aucun cas, du ressort des tribunaux, et ordonna en conséquence l'apport devant le roi de la procédure commencée devant le bailliage de Gray.

Ainsi, d'une part, les actes émanés de l'administration ne peuvent jamais être annulés ni réformés par les tribunaux, et, d'autre part, ces mêmes actes peuvent toujours être rapportés ou modifiés ou annulés, soit par l'autorité qui les a rendus, soit par l'autorité supérieure.

Mais si l'acte administratif a blessé un droit acquis et légitime, la personne à laquelle ce droit appartient peut-elle s'adresser aux tribunaux, sinon pour faire annuler l'acte administratif dont il s'agit, du moins pour faire maintenir son droit à l'encontre de l'administration ? L'acte administratif fait-il toujours et nécessairement obstacle à ce que les tribunaux soient saisis ? N'y a-t-il d'autre garantie du droit lésé que le recours devant l'administration elle-même ? C'est dans cette question que vient se concentrer toute la difficulté. On peut la traduire en ces termes : Y a-t-il un contentieux administratif ?

Nous avons déjà montré que l'assemblée, entraînée par

[1] Voir aussi la loi du 27 avril 1791, sur l'organisation du ministère, article 17, et la constitution du 3 septembre 1791, chap. IV, sect. II, art. 5.

l'opinion publique, avait supprimé les anciens tribunaux d'exception, et, avec eux, presque tout l'ancien contentieux administratif. Ce n'était pas assez de le supprimer ; il fallait encore en tarir la source. Les évocations particulières furent interdites [1], et cette prohibition fut renouvelée par la loi sur l'organisation judiciaire. « L'ordre constitutionnel des juridictions, porte cette loi, ne pourra être troublé, ni les justiciables distraits de leurs juges naturels par aucune commission ni par d'autres attributions ou évocations que celles qui sont déterminées par la loi [2]. »

Mais décider qu'il n'y aurait plus d'autres évocations que celles qui seraient déterminées par la loi, c'était se réserver le droit, et annoncer assez clairement l'intention de rétablir en détail un nouveau contentieux administratif.

En recueillant les diverses dispositions par lesquelles l'assemblée a fait usage de ces réserves, nous parviendrons à nous faire une juste idée de la compétence administrative, telle que l'entendait l'Assemblée constituante.

Le comité chargé de rédiger le projet de loi sur l'organisation judiciaire avait d'abord proposé de créer dans chaque département un tribunal d'administration composé de cinq juges élus comme les juges de district, et chargés de juger les contestations relatives aux impôts directs ou indirects, à l'expropriation pour cause d'utilité publique, aux travaux publics et à la grande voirie, toutes matières dont la connaissance avait appartenu, sous l'ancien régime, à la juridiction extraordinaire des élus, des intendants, et des trésoriers de France ; mais l'Assemblée n'était nullement disposée à faire une si large concession, et trouva ces attributions encore trop étendues. On critiqua surtout la création de ces tribunaux spéciaux qui seraient devenus autant de cours des aides. En conséquence cette partie du projet fut renvoyée au comité, et le 7 septembre 1790 une loi spéciale, rendue sur le rapport de Merlin, chargea les directoires de département de prononcer eux-mêmes, en dernier ressort, sur les contestations en matière de contributions directes, ainsi que sur les difficultés soulevées par les entrepreneurs de travaux publics relativement à l'interprétation des clauses de leurs marchés. Les directoires

[1] Loi du 20 octobre 1789.

[2] Loi du 16 août 1790, tit. II, art. 17.

de département furent encore chargés de régler les indemnités dues aux particuliers à raison des terrains pris ou fouillés par l'administration pour la confection des travaux publics, mais avec obligation de se conformer à l'estimation du juge de paix. Enfin les plaintes relatives aux torts et dommages provenant du fait personnel des entrepreneurs devaient être jugées en dernier ressort par les directoires de district.

Cette compétence était bien restreinte, surtout si on la compare à celle des anciens intendants, mais d'autres lois vinrent l'élargir.

Les décrets qui avaient mis les biens du clergé à la disposition de la nation, et qui en avaient ordonné la vente, confièrent aux corps administratifs le soin de juger les contestations qui pourraient s'élever au sujet de cette mainmise. Ainsi, notamment, les directoires furent chargés de liquider les dettes des communautés supprimées [1], d'arrêter les comptes des ecclésiastiques qui auraient continué la gestion de leurs biens [2], de connaître des demandes en subrogation formées par les communes [3].

Toutes les difficultés relatives aux élections municipales, départementales ou judiciaires, furent de même renvoyées aux directoires de département [4]. Ce renvoi comprenait non-seulement les contestations sur la validité de l'élection en elle-même, mais encore celles qui pouvaient s'élever sur le droit d'élire ou d'être élu. Toutefois le jugement de cette dernière sorte de contestations fut rendu bientôt aux tribunaux ordinaires, et les corps administratifs ne restèrent juges que de la validité des opérations électorales [5].

Il en fut encore de même de toutes les difficultés relatives à l'organisation des gardes nationales [6] et au recrutement de l'armée [7].

Les diverses lois sur la contribution foncière et mobilière confirmèrent l'attribution de juridiction contenue dans la loi

[1] Lois des 27 mai 1790 et 14 avril 1791.

[2] Loi du 11 août 1790, art. 20, 21.

[3] Loi du 28 septembre 1791.

[4] Loi du 12 août 1790, en forme d'instruction pour les administrations départementales. — Loi du 7 novembre 1790, sur les élections des juges. — Loi du 8 décembre 1790, sur l'élection des patrons-pêcheurs de Marseille.

[5] Lois des 15 mars et 22 septembre 1791.

[6] Loi en forme d'instruction du 12 août 1790.

[7] Loi du 9 mars 1791.

du 7 septembre 1790 et renvoyèrent aux directoires la connaissance de toutes les demandes, soit en décharge et réduction, soit en remise et modération[1].

D'autres lois appliquèrent et étendirent le principe posé dans la loi du 7 septembre 1790 sur la compétence administrative en matière d'expropriation et de travaux publics. Ainsi le décret qui supprima les anciennes traites décida qu'il appartiendrait aux directoires de fixer l'indemnité de résiliation due aux propriétaires des maisons louées pour servir de bureaux [2], et le décret qui organisa les douanes déclara que la même autorité règlerait le prix de location des locaux et édifices dont la nouvelle administration aurait besoin [3]. La loi sur le desséchement des marais leur renvoya encore la fixation des indemnités d'expropriation [4]. Un renvoi semblable se rencontre dans tous les décrets rendus à cette époque pour concéder des entreprises de travaux publics [5] ; ces décrets sont rédigés sur le modèle des anciens arrêts du Conseil, dans lesquels il était de style de réserver toute juridiction aux intendants et au Conseil d'État. Il est vrai que la loi sur les places de guerre ne remit aux directoires de département que le soin de concilier, si faire se pouvait, l'administration et les propriétaires, et laissa aux tribunaux la fixation des indemnités dues soit pour expropriation, soit pour établissement de servitudes [6]. En revanche une loi spéciale remit aux directoires de départements la fixation des indemnités qui pourraient être dues par des particuliers aux propriétaires de terrains afféagés ou de marais desséchés, pour dégâts commis sur ces propriétés [7]. Enfin une loi générale sur l'exécution des travaux publics vint donner une nouvelle consécration au principe général de la compétence administrative [8].

Les corps administratifs reçurent encore quelques autres

[1] Lois des 30 juin 1790, 23 novembre 1790, 13 janvier, 21 février et 21 août 1791.

[2] Loi du 25 novembre 1790.

[3] Loi du 6 août 1791.

[4] Loi du 26 décembre 1790.

[5] Décrets portant concession de canaux, des 9 et 16 novembre 1790, et 4 juin 1791.

[6] Loi du 8 juillet 1791.

[7] Loi du 14 juin 1790.

[8] Loi du 17 avril 1791.

commissions permanentes ou temporaires, comme pour arrêter les comptes des municipalités [1], pour liquider et partager les dettes des anciennes provinces divisées en plusieurs départements [2], pour régler les limites contestées entre les communes, les districts et les cantons [3], pour connaître, en Corse, des contestations relatives au cantonnement des droits d'usage dans les forêts nationales [4], enfin pour statuer sur les recours contre les arrêtés municipaux portant fixation du ban des vendanges [5].

Ainsi se formait peu à peu la juridiction des assemblées administratives, de la même manière que celle des intendants s'était formée sous le règne de Louis XIV. La Constituante ne s'arrêta pas là, et de même que, sous l'ancien régime, le roi se réservait à lui-même et à son conseil la décision de certaines affaires, elle se réserva à elle-même, et pour certains cas déterminés, une portion du pouvoir judiciaire.

Un décret du 25 mars 1790, sur les finances, établit une distinction entre les dépenses courantes et les dettes arriérées. Les premières devaient continuer d'être acquittées, et sans retard ; les secondes étaient renvoyées, pour la liquidation, non plus au roi et à son conseil, comme sous l'ancienne monarchie, mais à un comité pris dans le sein de l'Assemblée. Aux termes de ce décret, tous créanciers de l'arriéré étaient tenus de représenter leurs titres dans un délai fixé, et le comité de liquidation devait vérifier ces titres et soumettre à l'Assemblée le *jugement* de toutes les parties de la dette qui paraîtraient susceptibles de contestation [6]. Cette liquidation générale de l'arriéré prit bientôt des proportions immenses. On y comprit successivement la liquidation des indemnités dues aux titulaires d'offices supprimés [7], ainsi que la révision de toutes les pensions accordées sous

[1] Loi du 14 décembre 1789.

[2] Loi du 22 décembre 1789, art. 10.

[3] Loi du 19 avril 1789, art. 8. — Loi en forme d'instruction, du 12 août 1790.

[4] Loi du 5 septembre 1791.

[5] Loi du 28 septembre 1791.

[6] Loi du 25 mars 1790, art. 8 et 9. — Voir aussi le rapport de M. de Batz sur ce décret, dans la collection de Baudouin, t. XXIV.

[7] Décrets des 4 mai, 17 juillet, 7 septembre, 16 décembre et 24 décembre 1790.

l'ancien régime. Toutefois cette dernière opération fut confiée à un comité spécial.

Un décret du 22 mars 1791 régla la procédure à suivre pour la liquidation de la dette arriérée, et un autre du 26 avril 1791 décida que les anciens arrêts du Conseil qui seraient présentés au comité de liquidation comme titres de créance seraient admis sans révision.

Enfin deux décrets des 4 juillet et 17 septembre 1791 supprimèrent les Chambres des comptes, et décidèrent que les comptes des deniers appartenant à la nation seraient rendus devant le Corps législatif lui-même, qui les arrêterait sur le rapport d'une commission de comptabilité, d'après un nouveau système de procédure.

C'est en ces termes et dans ces limites que l'Assemblée constituante rétablit le contentieux administratif.

Faut-il voir, dans les diverses évocations que nous venons de recueillir, l'application d'une règle générale, la conséquence nécessaire du principe de la séparation des pouvoirs? On l'a souvent dit, mais, selon nous, on n'a pu le dire qu'en méconnaissant les intentions et les actes de l'Assemblée constituante, actes et intentions qu'on ne peut bien comprendre que par un coup d'œil jeté sur le régime antérieur. Les lois de 1789 et de 1790 sont une réaction contre l'arbitraire administratif, bien plus encore que contre les empiétements de l'ordre judiciaire. Au fond, d'ailleurs, la séparation des pouvoirs admise en principe, n'entraîne pas pour l'administration le droit de juger les réclamations auxquelles ses actes peuvent donner lieu. La justice administrative n'existe même, à bien prendre, que par dérogation à ce principe, puisqu'elle sert d'intermédiaire entre la justice et l'administration, et que, judiciaire par ses fonctions, elle est administrative par sa composition. La compétence attribuée par l'Assemblée nationale aux juridictions administratives ne peut donc pas se justifier *à priori* ; en effet l'Assemblée évoquait-elle parce que la matière lui paraissait administrative de sa nature, et pour appliquer le principe de la séparation des pouvoirs, ou évoquait-elle au contraire précisément pour enlever au pouvoir judiciaire la connaissance d'une matière qui, de sa nature, n'était pas administrative, et ne pouvait le devenir que par une loi expresse? L'une et l'autre supposition sont également admissibles.

Ce qui nous paraît résulter des faits, c'est que l'Assemblée constituante, sans avoir à ce sujet ni système ni théorie, comprenait très-bien que les tribunaux ordinaires ne sont pas également propres à juger tous les procès; qu'en particulier les droits politiques ne sont pas aussi naturellement que les droits civils sous la protection du pouvoir judiciaire, et qu'il peut même y avoir des raisons d'utilité et de convenance pour attribuer à l'administration la décision de certaines réclamations fondées sur des droits purement civils. Ainsi, en règle générale, toute opposition fondée sur un droit devait être portée devant les tribunaux, mais une exception écrite dans la loi pouvait conférer à l'administration le droit de juger.

Il est remarquable d'ailleurs que presque toutes les exceptions posées par l'Assemblée constituante étaient empruntées à la législation antérieure. Évidemment l'Assemblée subissait à son insu cet empire des traditions et de l'habitude qui s'impose toujours aux législateurs, même les plus révolutionnaires. C'est donc par l'histoire bien plus que par la théorie qu'on peut expliquer ses actes et interpréter ses décrets.

L'Assemblée législative n'eut qu'à suivre la voie tracée par la Constituante. De nouvelles mesures, toutes révolutionnaires, amenèrent de nouvelles évocations au profit des corps administratifs. Les décrets qui séquestrèrent les biens des émigrés chargèrent les directoires de départements de juger les difficultés qui pourraient s'élever sur le fait de l'absence, ou sur l'administration des biens séquestrés [1]; toutefois, lorsque l'Assemblée ordonna la vente de ces biens, elle laissa aux tribunaux le jugement des contestations sur la liquidation des dettes grevant les biens confisqués [2]. Un autre décret, en révoquant tous les engagements du domaine de l'État, renvoya les engagistes devant le comité de liquidation pour y poursuivre le remboursement de leur finance d'engagement [3].

Les directoires de départements furent encore chargés de connaître des difficultés qui pourraient s'élever sur la validité des passe-ports ou le refus d'en délivrer [4]. Le directoire du départe-

[1] Loi du 30 mars 1792, art. 12.
[2] Loi du 2 septembre 1792, art. 7.
[3] Loi du 3 septembre 1792.
[4] Loi du 28 juillet 1792, art. 6.

ment de Paris fut spécialement investi du droit de statuer définitivement et en dernier ressort sur les plaintes que tout habitant de l'Hôtel des invalides aurait à porter contre les membres du Conseil de l'hôtel, ou contre le Conseil lui-même, en matière d'administration et de police [1].

Enfin, divers décrets confirmèrent la compétence administrative en matière de contributions [2] et de biens nationaux [3].

La réunion de la Convention nationale et la proclamation de la république ne modifièrent pas cet état de choses. La Convention prit seulement la place du roi, et plus tard ses comités remplacèrent les ministres.

Son règne se divise en deux périodes séparées par le 9 thermidor. Dans la première, la révolution atteint ses dernières limites; la seconde, au contraire, est remplie par un mouvement de réaction.

L'Assemblée constituante avait mis la main sur les biens du clergé, et l'Assemblée législative sur ceux des émigrés. La Convention alla plus loin. Elle confisqua d'abord les biens des communes, puis ceux des fabriques, puis enfin ceux des hôpitaux et des établissements de bienfaisance [4]. Il fut déclaré que la nation prenait ces biens avec leurs charges. En conséquence, les créanciers des communes, des districts et des départements, ceux des fabriques et des hôpitaux furent astreints à produire leurs titres pour faire liquider administrativement leurs créances, et en obtenir l'inscription au grand-livre de la dette publique. D'autres lois, en grand nombre, vinrent d'ailleurs confirmer l'évocation primitive faite par l'Assemblée constituante [5], et régler

[1] Loi du 30 avril 1792, sect. III, art. 15.

[2] Loi du 26 août 1792.

[3] Loi du 5 avril 1792.

[4] Loi du 24 août 1793, lois des 13 brumaire et 23 messidor an II.

[5] Loi du 20 novembre 1792, portant que les directoires de départements liquideront définitivement jusqu'à la somme de 800 livres les dettes des communautés supprimées. — Loi du 10 juin 1793, sur la liquidation des dettes de l'ancienne liste civile. — Loi du 25 juin 1793, sur la liquidation des dettes de l'ancien Comtat Venaissin. — Loi du 10 juillet 1793, sur la liquidation de l'ancienne régie des économats. — Loi du 17 juillet 1793, sur la liquidation en général. — Loi du 25 juillet 1793, sur les biens des émigrés et la liquidation de leurs dettes. — Loi du 24 août 1793, sur la dette publique. — Loi du 10 frimaire an II, sur la liquidation des finances d'engagement du domaine.

dans tous ses détails la liquidation d'un arriéré que les mesures révolutionnaires augmentaient tous les jours.

A côté des confiscations viennent se placer les proscriptions contre les personnes. La peine de mort est prononcée contre les émigrés ; un comité de sûreté est formé dans chaque commune pour recevoir les déclarations des étrangers qui y résident et délivrer des certificats de résidence. Les anciens châteaux eux-mêmes seront démolis et rasés. Toutes les contestations qui pourront s'élever soit sur le fait d'émigration [1], soit sur les décisions des comités de sûreté [2] et les certificats de résidence [3], soit sur la démolition des anciens châteaux [4], sont renvoyées devant les corps administratifs.

On peut encore placer parmi les mesures révolutionnaires la loi du 10 juin 1793 qui ordonne le partage des biens communaux par tête, et porte que les contestations qui pourront s'élever sur le mode de partage soit entre plusieurs communes, soit entre plusieurs habitants de la même commune, seront jugées sur simples mémoires par les directoires de département, sur l'avis des directoires de district [5].

A l'explosion de la guerre maritime, la Convention avait d'abord renvoyé aux tribunaux de commerce le jugement des prises [6] ; mais, neuf mois après, ce décret fut rapporté, à la demande du Comité de salut public, et la Convention décréta que toutes contestations nées et à naître sur la validité ou invalidité des prises faites par les corsaires seraient décidées, par voie d'administration, par le Conseil exécutif provisoire [7].

Deux décrets sur les fouilles de salpêtre, rendus à la même époque, font revivre les anciens règlements, et attribuent la connaissance des contestations et la fixation des indemnités aux

[1] Loi du 25 février 1793, qui déclare nuls et non avenus tous jugements qui auraient été ou seraient rendus par les tribunaux de district sur les faits d'émigration, leur fait défense de connaître desdits faits, mande à la barre les juges d'Amiens, etc.

[2] Loi du 21 mars 1793, art. 11.

[3] Loi du 17 vendémiaire an II.

[4] Loi du 13 pluviôse an II, art. 7.

[5] Loi du 10 juin 1793, sect. V, art. 1 et 2.

[6] Loi du 14 février 1793.

[7] Loi du 18 brumaire an II.

municipalités, ainsi qu'aux directoires de district et de départements[1].

Pour compléter ce tableau, il faut faire connaître les affaires renvoyées par la Convention aux tribunaux ordinaires. Ainsi, une loi du 4 mars 1793 portait que les entrepreneurs, marchands, ouvriers et fournisseurs qui auraient passé des marchés avec les ministres ou autres agents de la république, et qui n'auraient point rempli leurs engagements, seraient poursuivis devant le tribunal de leur domicile[2]. Une autre loi sur la régie des postes et messageries renvoya devant les juges de paix toutes plaintes et contestations qui pourraient s'élever entre les particuliers et la régie[3]. Enfin, par un décret interprétatif, la Convention consultée décida que les corps administratifs n'étaient compétents que pour connaître des contestations relatives aux dettes passives des émigrés, mais que les actions en revendication d'immeubles ayant appartenu aux émigrés étaient dans le droit commun, et demeuraient de la compétence des tribunaux[4].

La seconde période du règne de la Convention est signalée par quelques mesures réparatrices. Les jugements rendus par le tribunal révolutionnaire, et non encore exécutés, sont soumis à une révision qui est confiée aux comités de législation et de sûreté générale[5]. Le comité de législation est autorisé à statuer sur les réclamations relatives aux confiscations et séquestres prononcés par lesdits jugements[6]. Enfin, le séquestre des biens des condamnés est levé, et les effets saisis sur eux sont remis à leurs époux survivants ou à leurs enfants. Cette opération est confiée aux corps administratifs, mais c'est au comité des finances que la Convention confère le pouvoir de résoudre les difficultés[7].

Mais en même temps la législation sur les biens d'émigrés et la vente des biens nationaux reçoit une confirmation nouvelle. Le comité de législation est chargé de statuer définitivement sur

[1] Loi du 5 juin 1793, art. 5. — Loi du 31 août 1793, art. 8.

[2] Loi du 4 mars 1793, art. 1er.

[3] Loi du 24 juillet 1793, art. 61.

[4] Décret du 21 prairial an II.

[5] Loi du 29 nivôse an III.

[6] Loi du 11 pluviôse an III.

[7] Loi du 13 ventôse an III.

toutes réclamations contre l'inscription sur les listes d'émigrés [1]. Les directoires de district sont chargés de régler, sur l'avis des municipalités, les secours qui pourront être accordés aux pères et mères d'émigrés sur leurs biens séquestrés [2]. La liquidation définitive des créances sur les émigrés est abandonnée aux directoires de département sans restriction [3]. Enfin, les directoires de district sont chargés de faire exécuter la loi sur les partages de présuccession, entre la république et les ascendants d'émigrés, et d'appliquer sans recours les peines portées par cette loi contre les coupables de soustraction ou d'estimation frauduleuses [4].

Toutes contestations sur la validité ou l'interprétation des ventes nationales avaient toujours été, depuis 1789, considérées comme affaires administratives. La Convention, encombrée de ces recours, décida qu'ils seraient exclusivement renvoyés au comité des finances, section des domaines [5]. Un autre décret renvoie expressément aux Comités de salut public et des finances les difficultés relatives aux ventes sur soumission [6]. Enfin, la Convention décide que les acquéreurs nationaux dont l'acquisition est attaquée jouiront provisoirement des biens vendus, jusqu'après décision des comités compétents, sur la validité de la vente [7].

Signalons encore, pour mémoire, divers décrets qui confirment les attributions antérieures en matière de comptabilité et de liquidation de la dette arriérée [8].

Enfin, pour résister à la réaction contre-révolutionnaire, la Convention sentit la nécessité d'interdire expressément aux tribunaux la recherche et l'appréciation de bien des actes. Voici en quels termes s'exprime à cet égard la loi du 16 fructidor an III, qui fut plutôt une mesure de circonstance qu'une loi de principe :

« La Convention nationale, après avoir entendu son comité des finances, décrète qu'elle annule toutes procédures et juge-

[1] Loi du 25 brumaire an III, sect. III, art. 22.

[2] Loi du 23 nivôse an III.

[3] Loi du 1er floréal an III, art. 18. — Voir les lois des 28 et 29 fructidor an III.

[4] Loi du 9 floréal an III, art. 3, 4, 5.

[5] Loi du 1er fructidor an III.

[6] Loi du 13 fructidor an III.

[7] Loi du 29 vendémiaire an IV.

[8] Lois des 13 frimaire, 28 pluviôse et 11 messidor an III. — Lois des 24 nivôse et 14 ventôse an III.

ments intervenus dans les tribunaux judiciaires contre les membres des corps administratifs et comités de surveillance, sur réclamations d'objets saisis, de taxes révolutionnaires et d'autres actes d'administration émanés desdites autorités, pour exécution des lois ou arrêtés des représentants du peuple en mission, ou sur répétition des sommes et effets versés au Trésor public. Défenses itératives sont faites aux tribunaux de connaître des actes d'administration, de quelque espèce qu'ils soient, aux peines de droit, sauf aux réclamants à se pourvoir devant le comité des finances, pour leur être fait droit, s'il y a lieu, en exécution des lois, et notamment de celle du 13 frimaire dernier. »

Un autre décret du 24 fructidor an III fait défense à tous juges et tribunaux de connaître d'aucune plainte ou instance relative aux rapports faits par les agents de la République aux comités de la Convention.

Ainsi, comme le roi sous l'ancien régime, la Convention réunissait tous les pouvoirs en sa main; mais, sous l'ancien régime, la royauté trouvait encore autour d'elle des avis et même des résistances souvent salutaires, et les parlements, dépositaires du pouvoir judiciaire, ne se laissaient pas facilement dépouiller de leur prérogative. Sous la Convention, les résistances furent étouffées dans le sang, les nouveaux tribunaux furent facilement contenus, et la tyrannie du gouvernement révolutionnaire alla bien au delà de tout ce qui s'était vu depuis des siècles. En fait, les juges, sous ce régime, ne furent que les agents du pouvoir, agents dociles jusqu'au crime, comme ces tribunaux révolutionnaires de sanglante mémoire, qui se chargeaient d'envoyer légalement à l'échafaud les proscrits et les suspects.

La Constitution de l'an III modifia sensiblement les institutions créées par l'Assemblée constituante. Dans l'ordre administratif, les municipalités des communes furent remplacées par des municipalités de canton; les directoires et administrations de département et de district par des administrations centrales de département réduites à un petit nombre de membres. Les ministres furent rétablis[1], et au-dessus d'eux un directoire de cinq

[1] Voir l'arrêté du Directoire du 17 messidor an V, qui ordonne que les décisions des ministres sur les actes des administrations centrales seron exécutées par provision.

membres investi du suprême pouvoir exécutif. Dans l'ordre judiciaire les tribunaux de district furent supprimés et remplacés par des tribunaux de département.

La séparation des pouvoirs fut de nouveau proclamée en principe. Défense de la méconnaître fut adressée simultanément à l'une et à l'autre autorité. Le législateur n'expliquait pas encore où était la limite précise ; mais, éclairé par l'expérience, il prévoyait et réglait le cas de conflit. « En cas de conflit d'attributions entre les autorités judiciaires et administratives, porte l'article 27 de la Constitution de l'an III, il sera sursis jusqu'à décision du ministre confirmée par le Directoire exécutif, qui en réfèrera, s'il est besoin, au Corps législatif. Le Directoire exécutif est tenu, en ce cas, de procéder dans le mois. »

Une loi spéciale renvoya au gouvernement les réclamations relatives aux arrêtés des représentants du peuple envoyés en mission par la Convention [1].

La législation du Directoire présente, au reste, peu d'attributions nouvelles données aux juges administratifs. Mais un grand nombre de lois, et surtout de lois fiscales, vinrent développer les principes posés par l'Assemblée constituante.

Ainsi diverses lois confirmèrent le principe de la compétence administrative au sujet des réclamations relatives à la contribution foncière [2], à la contribution personnelle, mobilière et somptuaire [3], à la contribution des patentes [4] et à la contribution nouvellement établie des portes et fenêtres [5], ainsi qu'à la répartition des taxes de guerre [6] et de l'emprunt forcé [7]. Il est remarquable que, dans plusieurs de ces lois, un jury est appelé à préparer la décision administrative confiée en dernier ressort aux administrations centrales de département.

Les impôts indirects furent révisés, et de nouvelles taxes introduites. En cette matière, on respecta le principe de la compétence judiciaire. Ainsi la loi sur l'enregistrement renvoie les

[1] Loi du 25 ventôse an IV.
[2] Loi du 29 frimaire an IV ; loi du 2 messidor an VII.
[3] Lois des 26 pluviôse et 14 thermidor an V ; lois des 7 vendémiaire et 3 nivôse an VII.
[4] Loi du 1er brumaire an VII, art. 23.
[5] Loi du 4 frimaire an VII, art. 16.
[6] Loi du 4 brumaire an IV, art. 10.
[7] Loi du 19 thermidor an VII.

contestations aux tribunaux civils [1]; la loi sur les octrois aux juges de paix [2]. Cependant, la loi qui établit la taxe des barrières pour l'entretien des routes porta que les contestations civiles seraient jugées administrativement par l'agent municipal du lieu [3]; la répression des contraventions fut seule laissée aux juges de paix [4]. Une autre exception du même genre eut lieu pour la taxe sur la fabrication du tabac [5]. Mais ces exceptions mêmes prouvaient la règle générale de la compétence judiciaire. Ainsi, dans les départements nouvellement réunis à la France, les commissaires de la Convention avaient attribué aux directoires le jugement de toutes les instances en matière de contributions indirectes. Deux arrêtés du Directoire exécutif firent cesser cette attribution extraordinaire et rétablirent le droit commun [6].

A côté des contributions pécuniaires vient se placer l'impôt du sang. A l'ancien mode de recrutement la Convention avait substitué la réquisition et la levée en masse. Le Directoire créa la conscription [7]. Le jugement des motifs de dispense fut donné aux administrations municipales et centrales, mais la loi laissa au ministre de la guerre le droit de casser la décision, dans le cas où il serait convaincu que la dispense aurait été accordée par faveur [8]. Un arrêté du Directoire sur le service de la garde nationale contient une attribution semblable pour les difficultés relatives à la taxe de remplacement [9].

L'autorité administrative resta en possession de juger toutes contestations relatives à la vente des biens nationaux [10], ainsi qu'à l'inscription sur la liste des émigrés [11]. Seulement, dans ce dernier cas, la décision fut réservée au Directoire exécutif, sur le rapport du ministre de la police.

[1] Loi du 22 frimaire an VII, art. 65.
[2] Loi du 2 vendémiaire an VIII, art. 1er.
[3] Loi du 3 nivôse an VI, art. 45, 46.
[4] Loi du 14 brumaire an VII.
[5] Loi du 22 brumaire an VII, art. 31.
[6] Arrêtés des 23 germinal et 12 messidor an IV.
[7] Loi du 19 fructidor an VI, art. 34.
[8] Loi du 28 nivôse an VII, art. 4 et 24.
[9] Arrêté du 13 floréal an VII, chap. VI.
[10] Loi du 6 floréal an IV, et rapport du ministre de la justice, du 2 nivôse an VI.
[11] Loi du 28 pluviôse an IV. — Voir encore, pour les biens d'émigrés, l'arrêté du directoire du 19 germinal an VI, et la loi du 16 thermidor an VII.

La liquidation administrative de la dette arriérée fut aussi maintenue et confiée, en premier ressort, au directeur de la liquidation ou aux administrations centrales, et, en dernier ressort, au ministre des finances[1]. Cette opération s'accrut encore, durant cette période, de la liquidation des dettes grevant les départements réunis[2], et de la liquidation des finances de consolidation moyennant lesquelles les détenteurs de domaines engagés furent admis à devenir propriétaires incommutables[3]. Il fallut prendre des mesures analogues pour la liquidation et le payement des dépenses arriérées des départements, des cantons et des communes[4]. Ainsi la liquidation administrative devenait en quelque sorte la règle en matière de créances sur l'État, et un arrêté du Directoire exécutif, rendu sur conflit, alla presque jusqu'à poser en principe, dans ses motifs, qu'en vertu de la loi sur la séparation des pouvoirs les tribunaux sont incompétents pour prononcer un jugement d'où résulte une créance contre la République[5].

Quoi qu'il en soit de ce prétendu principe, la tendance nouvelle était certaine. Elle se manifeste dans deux arrêtés du Directoire sur les fournitures des services de la guerre et de la marine[6]. Ils portent que les adjudicataires de ces fournitures se soumettront, eux et leurs cautions, pour la décision de tous les différends relatifs à l'exécution de leurs marchés, à la décision de l'administration centrale du département de la Seine, pour y être jugés administrativement.

D'autres arrêtés du Directoire réglèrent les formalités à suivre pour l'autorisation des usines, et la police générale des cours d'eau navigables et flottables, ainsi que le service des établisse-

[1] Loi du 3 brumaire an IV; loi du 24 frimaire an VI, tit. XIV. — Loi du 2 messidor an VI, sur la liquidation de la comptabilité intermédiaire.

[2] Loi du 5 prairial an VI.

[3] Loi du 14 ventôse an VII, sur les domaines engagés, art. 13, 28, 29.

[4] Loi du 11 frimaire an VII, tit. II.

[5] Arrêté du Directoire du 2 germinal an V. — Hâtons-nous cependant de faire remarquer que cette doctrine, suivant nous fausse et exagérée, ne résulte pas bien clairement des motifs de l'arrêté; que le dispositif se justifie par d'autres raisons, et que la règle générale qu'on a prétendu tirer de cet arrêté est contraire non-seulement au principe sainement entendu de la séparation des pouvoirs, mais encore à toute la législation postérieure à 1789.

[6] Arrêtés du directoire des 8 et 9 fructidor an VI.

ments d'eaux minérales [1]. Ces règlements définirent exactement les droits de l'administration et les voies de recours ouvertes contre ses arrêtés. Il est remarquable que ces règlements reproduisent textuellement les anciennes ordonnances et arrêts du Conseil sur la matière.

Une loi sur l'exploitation des salpêtres renvoya aux juges de paix la fixation des indemnités attribuées par la Convention aux autorités administratives [2].

Enfin, en ce qui concerne les prises maritimes, la législation nous montre une réaction complète en faveur de l'autorité judiciaire. La validité des prises dut être jugée en première instance par les tribunaux de commerce, en appel par les tribunaux civils, sauf recours en cassation [3]. Ce dernier recours fut même ouvert contre les décisions de l'ancien Conseil exécutif provisoire [4].

Le coup d'État du 18 brumaire et la Constitution du 22 frimaire an VIII inaugurèrent une réaction complète contre le régime révolutionnaire. Quoique fille de la Révolution, la monarchie nouvelle s'empressa de renier son origine et de reprendre les traditions de l'ancienne royauté. L'ancienne organisation administrative, si imprudemment détruite en 1789, fut relevée pièce à pièce, et, pour s'aider dans cette œuvre de reconstruction, le gouvernement alla chercher dans la retraite ou dans l'exil tout ce qui restait encore d'anciens fonctionnaires disposés à lui prêter appui. Le mouvement de cette époque fut un mouvement de restauration, non de création, mais de restauration intelligente, où le législateur sut tenir compte des réformes utiles, que le roi Louis XVI et l'Assemblée constituante avaient introduites ou plutôt avaient voulu introduire.

Dans l'ordre judiciaire, on reprit le premier projet présenté en 1789 à l'Assemblée constituante par le comité d'organisation judiciaire : un tribunal de première instance par arrondissement, un tribunal d'appel par trois ou quatre départements, et la Cour de cassation au sommet. C'était, en réalité, l'ancienne organisation simplifiée et régularisée.

[1] Arrêtés du Directoire des 9 et 19 ventôse an VI, et du 29 floréal an VII.
[2] Loi du 13 fructidor an V.
[3] Lois des 3 brumaire et 8 floréal an IV.
[4] Loi du 26 vendémiaire an VI.

Dans l'ordre administratif, la Constitution nouvelle, qui confiait le pouvoir à trois consuls, institua auprès d'eux un Conseil d'État[1] chargé de rédiger les projets de lois et les règlements d'administration publique, et de résoudre les difficultés qui s'élèvent en matière administrative. Quelques jours après, le règlement organique du Conseil d'État vint expliquer ce principe[2]. Aux termes de ce règlement, le Conseil d'État devait prononcer d'après le renvoi fait par les consuls : 1° sur les conflits qui peuvent s'élever entre l'administration et les tribunaux; 2° sur les affaires contentieuses dont la décision était précédemment remise aux ministres. Ainsi le dernier ressort en matière administrative fut transféré des ministres au Conseil d'État; mais, malgré les dispositions assez équivoques du règlement, les ministres conservèrent une juridiction de première instance.

L'administration locale fut confiée aux préfets, investis dans les départements des mêmes attributions que les anciens intendants exerçaient dans leurs généralités[3]. Au-dessous d'eux furent institués des sous-préfets qui, à la différence des anciens subdélégués, furent directement nommés par le gouvernement. Des conseils électifs, au moins en apparence, furent associés au préfet, comme les assemblées provinciales l'avaient été aux intendants, pour la répartition de l'impôt et le vote des ressources locales. Enfin, à côté du préfet fut institué, dans chaque département, un Conseil de préfecture pour assister le préfet dans l'instruction et le jugement des affaires contentieuses. Cette institution était une garantie toute nouvelle. Sous l'ancien régime le contentieux administratif était décidé dans les bureaux de l'intendance, sans formalités. Mais la justice ne saurait se passer de formes, et le législateur de l'an VIII eut le mérite de comprendre cette nécessité. Il aurait pu aller plus loin encore, exclure le préfet du Conseil de préfecture, y créer un président et un ministère public, donner aux conseillers une position plus indépendante, constituer ainsi une sorte de tribunal d'administration comme on le demandait en 1789; mais, enfin, c'était un premier pas dans une voie nouvelle, et, en l'an VIII, il était difficile de faire mieux.

[1] Constitution du 22 frimaire an VIII, art. 52.
[2] Arrêté des Conseils du 5 nivôse an VIII, art. 11.
[3] Loi du 28 pluviôse an VIII.

Le jugement des prises maritimes ne pouvait pas rester à la discrétion des tribunaux ordinaires. Un Conseil des prises fut institué pour juger ces sortes d'affaires, comme sous l'ancien régime, sauf recours au Conseil d'Etat [1].

Enfin, quelque temps après, la commission de comptabilité nationale fut réorganisée [2], et un Conseil de liquidation générale de la dette publique institué pour achever cette immense opération [3].

Ainsi, peu de temps avait suffi au gouvernement consulaire pour restaurer en ce qu'elle avait d'essentiel l'ancienne organisation administrative, et pour reprendre la tradition de Louis XIV. Le gouvernement impérial marcha de plus en plus dans cette voie. Un décret du 11 juin 1806 réorganisa le Conseil d'État, y introduisit des maîtres des requêtes et des auditeurs, et y créa une section du contentieux pour juger les pourvois en matière administrative. Le décret du 22 juillet 1806 régla la procédure à suivre pour l'instruction et le jugement de ces affaires, en reproduisant les formalités prescrites par le chancelier d'Aguesseau dans le célèbre règlement de 1738. L'année suivante, la commission de comptabilité fut supprimée et remplacée par une Cour des comptes, unique pour tout l'empire et chargée de juger tous les comptes des deniers publics, sauf recours au Conseil d'Etat, pour violation de la loi ou excès de pouvoir [4].

A côté ou au-dessous des ministres et des Conseils de préfecture s'établirent d'autres juridictions administratives de première instance pour certains cas spéciaux. Ainsi, dès l'an X, la connaissance des réclamations relatives au recrutement de l'armée fut attribuée à un Conseil de recrutement [5] composé du préfet, du général et du commandant de gendarmerie, sauf recours au ministre de la guerre. Le Conseil de l'Université fut investi d'une juridiction non-seulement en matière de discipline mais encore en matière de comptabilité, toujours sauf recours au Conseil d'État [6]. Des commissions spéciales furent instituées par la loi

[1] Loi du 26 ventôse et arrêté du 6 germinal an VIII.
[2] Arrêté consulaire du 29 frimaire an IX.
[3] Arrêtés consulaires du 23 vendémiaire an IX et du 13 prairial an X.
[4] Loi du 16 septembre et décret du 28 septembre 1807.
[5] Arrêté du 18 thermidor an X, tit. VII, art. 22. — Arrêté du 27 frimaire an XI; arrêté du 8 fructidor an XIII, art. 8 et 25.
[6] Décret du 17 mars 1808. — Décret du 15 novembre 1811.

du 16 septembre 1807 pour décider en première instance le contentieux des travaux de desséchement de marais[1]. Par exception, avant d'être soumises au préfet et au ministre, certaines affaires, urgentes par leur nature, durent être jugées d'abord par les sous-préfets et même par les maires. La juridiction toute spirituelle des évêques se trouva elle-même, jusqu'à un certain point, soumise au contrôle du Conseil d'État par l'appel comme d'abus, et même, en certains cas, par des réserves formelles insérées dans les décrets d'autorisation accordés à des communautés religieuses[2].

Le département des domaines nationaux et le Conseil général de liquidation de la dette publique furent supprimés en 1810, comme désormais inutiles, et leurs attributions remises au ministre des finances[3]. Mais d'autres juridictions transitoires furent créées pour de nouveaux besoins. Tel fut le *Magistrat du Rhin*, institué en 1808, pour juger, sauf appel au Conseil d'État, le contentieux des travaux défensifs de la vallée du Rhin[4], et composé d'un maître des requêtes et de deux auditeurs. Tel fut encore le Conseil de liquidation institué pour répartir souverainement et sans recours, entre les ayants droit, l'indemnité de Saint-Domingue[5].

C'est surtout dans l'organisation des pays conquis que se montre la tendance du gouvernement à reproduire de plus en plus non-seulement les institutions, mais encore le langage de l'ancien régime. Le décret du 18 octobre 1810 sur l'organisation de la Hollande institua un avocat fiscal dans chaque Conseil de préfecture, pour y soutenir les droits de l'État dans les affaires relatives aux contributions publiques. Le décret du 15 avril 1811 sur l'organisation des provinces illyriennes y établit non des préfets ni des sous-préfets, mais des *intendants* et des *subdélégués*.

Nous avons vu qu'en principe la loi du 28 pluviôse an VIII

[1] Loi du 16 septembre 1807.

[2] Décret du 30 septembre 1807 autorisant l'association religieuse des dames du refuge de Saint-Michel, art. 12 et 13.

[3] Décret du 23 février 1810 qui supprime le département des domaines nationaux. — Décrets des 25 février 1808 et 13 décembre 1809; loi du 15 janvier 1810 sur le Conseil général de liquidation.

[4] Décret du 27 octobre 1808.

[5] Décrets des 26 juin et 26 octobre 1810.

avait voulu ne laisser au préfet que l'administration et remettre le jugement du contentieux au Conseil de préfecture. Mais elle donnait au préfet la présidence de ce Conseil, et de là, dans quelques décrets de cette époque, une confusion regrettable entre le Conseil et le préfet. Certaines affaires administratives se trouvèrent ainsi renvoyées non pas au Conseil de préfecture, mais au préfet en Conseil de préfecture[1], ou même au préfet seul[2], sauf recours direct au Conseil d'État. Les rédacteurs de ces décrets avaient sans doute sous les yeux d'anciens arrêts du Conseil, portant évocation des difficultés à naître devant les intendants en première instance, et en appel devant le Conseil d'État. On traduisit le mot *intendants* par celui de *préfets*, sans remarquer que la juridiction des intendants avait été remise en l'an VIII au Conseil de préfecture.

Telles furent les juridictions administratives en France sous le consulat et l'empire. Habilement empruntées au passé, avec quelques améliorations, elles subsistent encore aujourd'hui, sans avoir subi de changements notables, sans même avoir reçu tous les perfectionnements qu'elles semblent attendre. Essayons maintenant d'esquisser en peu de mots la compétence qui leur fut assignée.

Ni l'ancienne monarchie, ni les pouvoirs qui lui avaient succédé depuis le commencement de la Révolution, n'avaient songé à régler d'une manière générale les limites de la compétence administrative. Le gouvernement impérial suivit les mêmes errements, d'autant plus volontiers qu'il exerçait en fait l'autorité législative, par des décrets auxquels le Sénat lui-même n'osa jamais s'opposer. L'autorité judiciaire elle-même n'était pas indépendante de la volonté suprême. Celle-ci s'imposait non-seulement par le conflit dont le jugement était réservé à l'empereur en son

[1] Voir, par exemple, le décret du 9 brumaire an XIII, sur le mode de jouissance des biens communaux ; le décret du 17 mai 1809 sur les octrois (art. 136) ; l'arrêté du 8 prairial an XI sur le droit de navigation intérieure (art. 15).

[2] Voir, par exemple, le décret du 4 juillet 1806 sur les courses de chevaux (art. 28) ; la loi du 21 avril 1810 sur les mines (art. 59, 60, 64) ; le décret du 15 octobre 1810 sur les établissements insalubres (art. 7) ; l'arrêté du 19 thermidor an IX sur les fournitures faites pour le compte du gouvernement ; la loi du 30 avril 1806, art. 76.

Conseil, mais encore par un droit que le gouvernement s'arrogea, dans plusieurs circonstances, de casser, au fond, des arrêts passés en force de chose jugée, et consacrant des principes qu'il ne voulait pas accepter, énorme excès de pouvoir que ne justifient pas les précédents de l'ancienne monarchie, puisque sous l'ancienne monarchie le roi en son Conseil et en vertu d'une prérogative incontestée, exerçait l'autorité judiciaire dans toute sa plénitude, tandis que depuis 1789 toutes les constitutions, et même celles de l'empire, proclamaient le principe de la séparation des pouvoirs.

Mais, à défaut de lois générales, une foule de lois et de décrets évoquèrent certaines affaires devant l'autorité administrative, et la jurisprudence du Conseil d'État commença à poser des principes qui nous gouvernent encore aujourd'hui. C'est par l'analyse du *Bulletin des lois* et du *Recueil des arrêts du Conseil* qu'on peut se faire une idée de l'extension que reçut sous l'empire la compétence administrative.

Occupons-nous d'abord des Conseils de préfecture.

L'article 4 de la loi du 28 pluviôse an VIII porte :

Le Conseil de préfecture prononcera :

Sur les demandes de particuliers tendant à obtenir la décharge ou la réduction de leur cote de contributions directes ;

Sur les difficultés qui pourraient s'élever entre les entrepreneurs de travaux publics et l'administration concernant le sens ou l'exécution des clauses de leurs marchés ;

Sur les réclamations des particuliers qui se plaindront de torts et dommages provenant du fait personnel des entrepreneurs, et non du fait de l'administration ;

Sur les demandes et contestations concernant les indemnités dues aux particuliers à raison des terrains pris ou fouillés pour la confection des chemins, canaux et autres ouvrages publics ;

Sur les difficultés qui pourront s'élever en matière de grande voirie ;

Sur les demandes qui seront présentées par les communautés des villes, bourgs ou villages, pour être autorisées à plaider ;

Enfin sur le contentieux des domaines nationaux.

Ainsi les Conseils de préfecture étaient investis de toute la compétence accordée aux directoires de départements et de district par la loi du 7 septembre 1790. La loi nouvelle reproduisait en outre à leur profit l'attribution faite aux directoires par des décrets spéciaux en matière de ventes nationales. Enfin elle leur conférait le droit de juger les affaires de grande voirie, et d'autoriser les communes à plaider, attributions importantes que l'ancien régime avait confiées aux bureaux des finances et aux intendants, et que le premier projet d'organisation judiciaire en 1789 avait essayé de maintenir en dehors de la compétence des tribunaux civils.

L'exposé de motifs de la loi du 28 pluviôse an VIII annonçait l'intention de confier au Conseil de préfecture le jugement du contentieux *dans toutes les parties de l'administration*; mais la loi elle-même se bornait, comme on le voit, à conférer au Conseil de préfecture certaines attributions contentieuses déterminées, sans s'expliquer ni sur les autres attributions conférées aux anciennes administrations de département par la législation antérieure, ni sur les réclamations contentieuses que pourraient soulever en d'autres matières les actes des maires et des préfets.

En ce qui concerne les attributions conférées aux anciennes administrations de département par la législation antérieure, la jurisprudence du Conseil d'État reconnut qu'elles étaient passées, en vertu des principes proclamés par la loi du 28 pluviôse an VIII, aux préfets pour la partie purement administrative, et aux Conseils de préfecture pour la partie contentieuse. C'est ainsi notamment qu'eut lieu l'application de la loi du 6 frimaire an VII sur les bacs et bateaux, de la loi du 10 juin 1793 sur le partage des biens communaux, de celle des 15-28 mai 1790 sur la location forcée des bâtiments affectés aux halles et marchés. Un décret rendu au contentieux, le 6 décembre 1813, dans une espèce où il s'agissait d'appliquer cette dernière loi, décide en principe général « que d'après la loi du 28 pluviôse an VIII et autres lois postérieures, le préfet est seul chargé de l'administration, et que, dès lors, il doit seul statuer sur toutes les matières qui sont purement d'administration ; mais que les Conseils de préfecture sont institués pour prononcer sur toutes les matières contentieuses administratives ; qu'ainsi la compétence de chacune de ces deux autorités doit se déterminer d'après la nature ou contentieuse ou purement administrative de la question proposée. » Ce décret a été inséré au *Bulletin des lois*.

Quant aux réclamations contentieuses que pouvaient soulever

les actes des préfets ou des maires, en dehors des cas prévus par la loi du 28 pluviôse an VIII ou attribués par les lois antérieures aux anciennes administrations de département, la jurisprudence reconnut qu'elles ne pouvaient appartenir aux Conseils de préfecture qu'en vertu d'une attribution spéciale, et que, dans le silence de la loi, elles devaient être portées, soit devant les tribunaux, soit devant les ministres, juges ordinaires du contentieux administratif.

Les Conseils de préfecture furent ainsi considérés comme une juridiction exceptionnelle, mais leur compétence n'en prit pas moins une extension remarquable. Aux attributions qui leur étaient conférées, soit par la loi du 28 pluviôse an VIII, soit par les lois antérieures, d'après l'interprétation donnée par la jurisprudence, vinrent s'ajouter, en grand nombre, de nouvelles attributions dont voici les plus importantes :

En matière de contributions, les Conseils de préfecture furent chargés de prononcer sur les demandes à fin de mutation de cotes [1], et sur les réclamations relatives au classement des immeubles lors des opérations du cadastre [2]. Ils furent aussi chargés de juger le contentieux de diverses taxes assimilées aux contributions directes, par exemple des taxes pour travaux relatifs au curage des canaux et rivières non navigables et pour l'entretien des digues et ouvrages d'art [3], des taxes pour travaux de salubrité et de dessèchement [4], du droit des pauvres sur les billets d'entrée dans les spectacles et dans les lieux de réunion et de fête où l'on est admis en payant [5], des redevances sur les mines [6], des taxes pour le pavage des rues [7], pour la vérification des poids et mesures [8], pour les dépenses des bourses et chambres de commerce [9], pour la rétribution des médecins inspecteurs, soit des établis-

[1] Arrêté consulaire du 24 floréal an VIII, art. 2.

[2] Loi du 15 septembre 1807.

[3] Loi du 14 floréal an XI, art. 4.

[4] Loi du 16 septembre 1807, art. 37.

[5] Décrets du 8 fructidor an XIII, art. 3, et du 21 août 1806, art. 3.

[6] Loi du 21 avril 1810, art. 27 et 37.

[7] Avis du Conseil d'État du 3 mars 1807, approuvé le 25.

[8] Loi du 1er vendémiaire an IX; arrêtés des 13 brumaire et 29 prairial an IX.

[9] Loi du 28 ventôse an IX; arrêtés des 12 brumaire et 3 nivôse an XI; décret du 23 septembre 1806.

sements d'eaux minérales naturelles, soit des bains, fabriques et dépôts d'eaux minérales [1], enfin des droits établis pour frais de visite chez les pharmaciens, droguistes et épiciers [2].

Les réclamations contre les rôles de plus-value après le desséchement des marais furent également renvoyées devant les Conseils de préfecture [3].

En matière de contributions indirectes, les contestations relatives à la perception des droits de navigation intérieure furent soumises au jugement des Conseils de préfecture [4].

En matière de travaux publics, diverses dispositions vinrent modifier la compétence attribuée à ces Conseils par la loi du 28 pluviôse an VIII. Nous avons vu que cette loi, conforme aux lois antérieures et à l'ancienne tradition administrative, attribuait à l'administration le règlement des indemnités d'expropriation pour cause d'utilité publique. Cette attribution, maintenue par la loi du 16 septembre 1807, fut enlevée aux Conseils de préfecture par la loi du 8 mars 1810 et conférée aux tribunaux ordinaires. Mais les Conseils de préfecture restèrent compétents pour régler toutes indemnités dues à raison de simples torts ou dommages résultant de l'exécution des travaux publics, et notamment à raison des occupations temporaires de terrains, et des fouilles et extractions de matériaux [5]. Les contestations relatives à la confection des travaux pour le curage des canaux et rivières non navigables et pour l'entretien des digues et ouvrages d'art [6], ou à la fixation de l'indemnité due pour l'établissement du chemin de halage aux riverains d'une rivière rendue navigable [7], à la fixation des indemnités dues par les concessionnaires de mines aux auteurs de travaux ou recherches antérieures à l'acte de concession [8], à la fixation des frais et honoraires dus aux ingénieurs des ponts et chaussées, intervenus soit pour le règlement des usines et prises d'eau, soit pour la réparation des

[1] Arrêtés des 29 floréal an VII, 3 floréal an VIII et 6 nivôse an XI.

[2] Décret du 25 thermidor an XI.

[3] Loi du 16 septembre 1807, art. 20.

[4] Loi du 30 floréal an X, art. 4 ; arrêté du 8 prairial an XI, art. 15.

[5] Loi du 16 septembre 1807, art. 57.

[6] Loi du 14 floréal an XI, art. 4.

[7] Décret du 22 janvier 1808.

[8] Loi du 21 avril 1810, art. 46.

dommages causés par suite de contraventions aux lois et règlements sur la grande voirie [1], enfin les contestations sur les marchés de fournitures passés par les préfets [2] furent également attribuées aux Conseils de préfecture.

Les travaux faits par des communes ou des départements, en vertu d'autorisations légales, étaient du reste assimilés aux travaux publics, et dès lors le contentieux de ces travaux devait être jugé par les Conseils de préfecture, comme celui des travaux faits pour le compte de l'État [3].

En ce qui touche le domaine national, la loi du 28 pluviôse an VIII attribuait sans exception aux Conseils de préfecture toutes questions, même de propriété, qui pouvaient s'élever à l'occasion des ventes de biens nationaux. Deux arrêtés leur conférèrent en outre le droit de statuer sur les difficultés qui s'élèvent entre l'État et les communes, quant à la propriété des sources d'eaux thermales [4], et sur les difficultés qui s'élèvent entre l'État et les fermiers des sources d'eaux minérales appartenant au domaine pour défaut de payement des fermages ou inexécution des clauses du bail [5].

En ce qui concerne les communes et les établissements publics, les Conseils de préfecture reçurent le droit de connaître des anticipations commises sur les chemins vicinaux [6], des contestations relatives aux usurpations des biens communaux, à l'exception du cas où le prétendu usurpateur soutient être propriétaire [7], des difficultés relatives aux ventes de biens communaux faites en vertu de la loi du 20 mars 1813 [8], des contestations entre les

[1] Décret du 7 fructidor an XII, art. 75.

[2] Décret du 11 juin 1806.

[3] Lois du 13 floréal an XI, art. 231 ; du 17 floréal an XI, art. 200 ; du 11 ventôse an XII, art. 112 ; du 29 ventôse an XII, art. 250 ; du 29 nivôse an XIII, art. 102 ; du 14 ventôse an XIII, art. 164 ; du 7 avril 1806, art. 155 ; du 23 avril 1806, art. 184 ; du 30 avril 1806, art. 201 ; du 7 septembre 1807, art. 154 ; du 13 janvier 1810, art. 153 ; du 17 janvier 1810, art. 154 ; du 17 février 1810, art. 151 ; des 20, 24 et 25 juillet 1811, art. 154.

[4] Arrêté du 6 nivôse an XI, art. 9.

[5] Arrêté du 3 floréal an VIII, art, 2.

[6] Loi du 9 ventôse an XIII, art. 8.

[7] Loi du 9 ventôse an XII, art. 6 et 8. — Avis du Conseil d'État du 3 juin 1809, approuvé le 18, art. 6.

[8] Loi du 20 mars 1813.

fabriques et les anciens ou nouveaux titulaires des cures, relativement au compte ou à la répartition des revenus de la cure [1], enfin des contestations auxquelles donne lieu l'administration des monts-de-piété [2].

Diverses dispositions vinrent conférer aux Conseils de préfecture une véritable juridiction répressive, emportant droit d'infliger des amendes, et d'ordonner la réparation des dommages causés. Ainsi les Conseils de préfecture furent investis du droit de connaître des contraventions aux lois et règlements concernant la police de la grande voirie, relativement aux routes, fleuves, canaux et ports maritimes de commerce [3], la police du roulage [4], la police de la grande voirie dans Paris [5], la conservation des travaux de desséchement, des digues contre les torrents, rivières et fleuves, et des ouvrages à la mer [6], et la police des carrières et tourbières [7].

Un décret du 30 prairial an XII chargea le Conseil de préfecture des Hautes-Pyrénées de prononcer, par application de la loi du 29 floréal an X, sur les constructions, irrigations et dégradations qui seraient faites en contravention à l'arrêt du Conseil du 7 mai 1732, ayant pour objet la conservation de l'établissement thermal de Barèges.

Enfin, en dehors des catégories que nous venons de parcourir, les Conseils de préfecture furent investis du droit de connaître des oppositions contre les autorisations accordées pour des ateliers insalubres de deuxième et de troisième classe, et des réclamations contre le refus d'autorisation pour les ateliers de troisième classe [8]. Le Conseil de préfecture de la Seine fut chargé de juger les contestations entre la caisse de Poissy et les bouchers [9], ainsi que les contraventions aux lois et règlements concernant le

[1] Décret du 6 novembre 1813, art. 28 et 47.

[2] Décrets du 30 juin 1806 (Mont-de-piété de Bordeaux), art. 120; du 10 mars 1807 (Mont-de-piété de Marseille), art. 125 et autres.

[3] Loi du 30 floréal an X; décrets du 22 janvier 1808, du 16 décembre 1811 et du 10 avril 1812.

[4] Lois du 30 floréal an X et du 7 ventôse an XII.

[5] Décret du 27 octobre 1808.

[6] Loi du 16 septembre 1807, art. 27; décret du 10 avril 1812.

[7] Loi du 21 avril 1810, art. 50.

[8] Décret du 15 octobre 1810, art. 7 et 8.

[9] Décret du 6 février 1811, art. 32.

bureau des nourrices à Paris, et le recouvrement des rôles pour la rétribution des nourrices [1].

Enfin les lois des 14 floréal an XI et 16 septembre 1807 conférent aux Conseils de préfecture l'apurement des comptes des percepteurs chargés par les associations syndicales du recouvrement des fonds destinés à l'exécution de travaux de desséchement, de curage et d'irrigation.

Telle fut la juridiction attribuée sous le régime impérial aux Conseils de préfecture. Nous avons déjà fait connaître la juridiction bien autrement exceptionnelle des préfets, des conseils de recrutement, du conseil de l'Université et des commissions spéciales. Il nous reste, pour achever ce tableau, à faire connaître l'étendue de la juridiction des ministres, et la compétence du Conseil d'État.

Sous l'ancienne monarchie, la juridiction des ministres se confondait avec celle du Conseil d'État, ou plutôt s'exerçait sous le nom du Conseil. Pendant la révolution, les ministres exercèrent, en leur nom la suprême justice administrative. Le gouvernement consulaire, en rétablissant le Conseil d'État, enleva aux ministres le dernier ressort, mais leur laissa une juridiction de première instance, que la jurisprudence considéra toujours comme la juridiction ordinaire en matière de contentieux administratif. En conséquence, toutes les affaires évoquées d'une manière générale devant l'autorité administrative, ou appartenant à cette autorité par la nature des choses, en vertu du principe de la séparation des pouvoirs, durent être jugées par les ministres, sauf recours au Conseil d'État [2]. Les Conseils de préfecture et autres juridictions de premier degré ne reçurent ainsi qu'une compétence exceptionnelle, restreinte aux objets qui leur étaient spécialement et nominativement attribués.

Il n'est donc pas possible d'énumérer d'une manière complète toutes les matières de la compétence des ministres, comme nous l'avons fait pour les Conseils de préfecture. Toutefois il faut re-

[1] Loi du 25 mars 1806, art. 2; décret du 30 juin 1806, art. 5.

[2] Nous trouvons des exemples de semblables renvois dans un arrêté du 14 fructidor an X sur les contestations qui peuvent s'élever au sujet du remboursement des rentes dues à des hôpitaux, et dans la loi du 1er floréal an XI, sur les contestations qui peuvent s'élever entre les vétérans des camps de Juliers et d'Alexandrie, relativement à la jouissance de leurs dotations.

connaître qu'en fait, dans presque tous les cas, la juridiction ministérielle s'appuie sur une attribution positive et nominative écrite dans une loi ou dans un décret.

La plus importante de ces attributions consiste dans la connaissance des difficultés relatives aux marchés de fournitures, autres que les marchés de travaux publics. Le décret du 11 juin 1806, art. 14, attribue, il est vrai, au Conseil d'Etat la connaissance de ces difficultés, mais, d'autre part, le Conseil d'Etat n'est que juge d'appel, ainsi qu'il résulte du décret du 22 juillet 1806 sur la procédure en matière contentieuse. Dès lors la décision de première instance en cette matière ne pouvait appartenir qu'aux ministres, juges ordinaires du contentieux administratif [1].

La liquidation des pensions civiles et militaires fut également remise à la décision des ministres. Toutefois, sous l'Empire, on considérait les pensions comme des faveurs purement gracieuses, et dès lors les décisions des ministres en cette matière ne pouvaient être déférées au Conseil d'Etat.

La liquidation et le payement de toutes les créances sur l'Etat appartenaient naturellement au ministre des finances. Cette opération pouvait soulever un grand nombre de difficultés véritablement contentieuses, où le ministre avait le droit de statuer en premier ressort.

Signalons encore quelques évocations moins générales. Ainsi un décret chargea le ministre de l'intérieur de statuer sur toutes les contestations relatives à l'entretien de la rivière d'Yonne [2]. Un avis du Conseil d'Etat décida que le ministre de la guerre pouvait ordonner, sauf recours au Conseil, *commission du contentieux*, une retenue du tiers au plus sur la solde ou sur la pension de tout militaire qui ne remplirait pas à l'égard de sa femme

[1] Voir d'ailleurs, pour les marchés du service de la guerre, les arrêtés des 15 nivôse an IX, 23 brumaire an X, et 22 nivôse an XI, qui confèrent juridiction au Conseil d'administration de la guerre, et l'arrêté du 18 ventôse an VIII qui charge le ministre des finances du recouvrement des débets. — Voir encore pour les marchés entre les fabriques et les entrepreneurs de pompes funèbres le décret du 18 mai 1806, art. 15. — Ajoutons enfin que dans les cahiers de charges il était de style de stipuler la compétence du ministre et du Conseil d'Etat. — Voir l'arrêté du 15 floréal an XI.

[2] Arrêté du 25 prairial an XI.

ou de ses enfants les devoirs imposés par le Code civil [1]. Nous trouvons une juridiction analogue reconnue au ministre des finances dans un autre avis du Conseil d'Etat, relativement à la comptabilité des receveurs de l'enregistrement, et au recouvrement des droits [2]. Le ministre des finances fut encore chargé de statuer, sur l'avis du préfet, et sauf recours au Conseil d'Etat, sur le classement des villes et bourgs d'après leur population, au point de vue de leur assujettissement aux droits d'entrée [3]. Enfin, aux termes d'un décret sur l'exploitation des mines, le droit d'ordonner les travaux nécessaires pour prévenir les accidents fut attribué aux ministres [4], sauf recours au Conseil.

Nous devrions encore signaler le droit conféré aux ministres de statuer sur les alignements, sauf recours au Conseil d'Etat [5], s'il n'était reconnu que les décisions de ce genre n'ont pas un caractère contentieux.

C'est dans la démarcation des matières contentieuses et des matières non contentieuses que se trouve la grande difficulté d'une théorie de la juridiction ministérielle. Ce n'est pas ici le lieu d'exposer les principales règles qui résultent de la jurisprudence sur ce point.

Il nous reste à parler de la compétence du Conseil d'Etat.

Le Conseil d'Etat était à la fois le tribunal d'appel et la cour de cassation en matière administrative. Le décret du 11 juin 1806 forma dans son sein une commission du contentieux pour la décision de ces affaires, et le décret du 22 juillet de la même année traça la procédure à suivre pour les recours.

Le Conseil d'Etat reçut encore le droit d'autoriser les poursuites judiciaires contre les agents du gouvernement [6], la connaissance des appels comme d'abus [7], et enfin la haute police administrative [8].

[1] Avis du Conseil d'Etat du 11 janvier 1808.

[2] Avis du Conseil d'Etat du 20 juillet 1808.

[3] Décret du 21 décembre 1808, art. 8.

[4] Décret du 3 janvier 1813, art. 7.

[5] Decret du 27 juillet 1808, art. 1 et 2.

[6] Constitution du 22 frimaire an VIII, art. 75. C'était encore un souvenir de l'ancien régime. Voir M. de Tocqueville, *l'Ancien régime et la Révolution*, p. 88.

[7] Loi du 18 germinal an X. Un décret du 25 mars 1813 renvoya aux Cours impériales la connaissance des appels comme d'abus, mais ce décret ne survécut pas au régime impérial.

[8] Décret du 11 juin 1806, art. 14.

Les contestations en matière électorale avaient toujours appartenu depuis 1789 à l'autorité administrative. Le régime consulaire et impérial ne laissa subsister qu'un simulacre d'élections. Les lois de cette époque ne se bornèrent pas à évoquer le contentieux qui pouvait en résulter pour le renvoyer aux juridictions administratives [1]; ce fut au gouvernement même, en Conseil d'Etat, que fut remis le soin de décider en premier et dernier ressort. L'intervention du Conseil d'Etat fut même en dernier lieu supprimée et la décision remise à l'empereur, sur le rapport du ministre [2].

Une attribution du même genre, en premier et dernier ressort, fut faite au Conseil d'Etat par les décrets sur les majorats et le domaine extraordinaire [3].

Le décret qui institua la Banque de France évoqua directement au Conseil toutes les contestations qui pourraient s'élever sur l'administration de l'établissement [4].

En 1813, M. Molé fut nommé par un décret tuteur de la fille du maréchal Duroc et tous les procès relatifs à cette tutelle évoqués à l'avance par-devant le Conseil d'Etat. C'est ainsi que le pouvoir impérial avait repris toutes les allures de l'ancien régime et bouleversait arbitrairement l'ordre des juridictions [5].

Sous l'ancienne monarchie, les arrêts du Conseil étaient susceptibles d'opposition devant le Conseil même, et pouvaient être rapportés lorsqu'ils avaient blessé des droits acquis. La législation impériale voulut donner aux droits privés une garantie analogue. De là l'article 40 du règlement du 22 juillet 1806 portant : « Lorsqu'une partie se croira lésée dans ses droits ou sa propriété, par l'effet d'une décision de notre Conseil d'Etat, rendue en matière non contentieuse, elle pourra nous présenter une requête, pour, sur le rapport qui nous en sera fait, être l'affaire renvoyée, s'il y a lieu, soit à une section du Conseil d'Etat, soit à une commission. »

Quant aux décrets rendus par l'empereur, sur le rapport d'un

[1] Décret du 24 vendémiaire an XI sur les élections des juges de paix; décret du 17 janvier 1806 sur les assemblées cantonales.

[2] Décret du 13 mai 1806 sur les colléges électoraux.

[3] Décrets des 1er mars 1808, 4 mai 1809, 3 mars 1810, 11 novembre 1813.

[4] Décret du 23 avril 1806.

[5] Décret du 10 août 1813.

ministre, ils pouvaient être déférés soit au Sénat pour inconstitutionnalité, soit au Conseil d'État pour incompétence ou excès de pouvoir, ou même, en certains cas déterminés, pour mal jugé au fond[1].

La charte de 1814, en inaugurant en France le régime constitutionnel, proclama qu'à l'avenir nul ne pourrait être distrait de ses juges naturels[2]. Aucune évocation à l'autorité administrative ne devait plus avoir lieu qu'en vertu d'une loi, et les formalités imposées à la confection des lois garantissaient suffisamment les citoyens contre l'abus de cette faculté.

Le Code civil et les lois existantes étaient d'ailleurs maintenus en tout ce qui n'était pas contraire à la charte[3]. Par là se trouvaient maintenues toutes les lois qui avaient créé et développé les juridictions et la compétence administrative.

Pendant toute la durée du gouvernement de la Restauration ces lois ne subirent que des modifications peu importantes.

Le Conseil des prises fut supprimé, et les affaires de prises maritimes renvoyées à la section du contentieux du Conseil d'Etat[4].

Il ne fut rien changé à la juridiction des Conseils de préfecture ni à celle des préfets, soit seuls, soit en Conseil de préfecture. Les ministres devenus responsables devant les Chambres, la Cour des comptes, le Conseil royal de l'université et les commissions spéciales instituées par la loi de 1807 conservèrent leurs attributions contentieuses.

La loi du 10 mars 1818 sur le recrutement de l'armée réorganisa les conseils de recrutement sous le nom de conseils de révision[5]; chaque conseil de révision fut composé du préfet, d'un conseiller de préfecture, d'un membre du Conseil général, d'un membre du conseil d'arrondissement et d'un officier général ou supérieur désigné par le roi. Les décisions de ces conseils étaient définitives, sauf le pourvoi de droit en cas d'incompétence ou d'excès de pouvoir.

[1] Par exemple en matière de changement de noms (loi du 11 germinal an XI).

[2] Charte du 4 juin 1814, art. 62.

[3] Charte du 4 juin 1814, art. 68.

[4] Ordonnances royales des 22 juillet 1814 et 9 janvier 1815.

[5] Loi du 10 mars 1818, art. 13.

En 1814 et 1816 des commissions départementales furent instituées pour vérifier et arrêter tous les comptes et marchés faits pour réquisitions de guerre pendant les invasions de 1814 et de 1815[1]. Ces commissions se composaient de six membres nommés par les Conseils généraux et présidés par les préfets; elles statuaient sauf recours au Conseil d'Etat.

Les mesures de réparation prises à l'égard des émigrés nécessitèrent la création de commissions analogues. Ainsi la loi du 5 décembre 1814, en restituant aux émigrés leurs biens non vendus, confia cette opération à une commission spéciale; et la loi du 27 avril 1825, qui accorda aux émigrés une indemnité pour leurs biens vendus, institua une commission de liquidation divisée en plusieurs sections et chargée de juger sauf recours au Conseil d'Etat[2].

Une loi du 30 avril 1826 accorda pareillement une indemnité aux anciens colons de Saint-Domingue, à l'occasion de l'émancipation de cette colonie. Une commission fut encore chargée de statuer sur toutes les demandes. Cette commission se divisait en trois sections, et les appels des décisions rendues par l'une d'elles se portaient devant les deux autres sections réunies. Les décisions rendues sur l'appel ne pouvaient être déférées au Conseil d'Etat que pour incompétence ou excès de pouvoir[3].

Dans divers cas, où, en vertu de conventions diplomatiques, des gouvernements étrangers avaient mis des sommes d'argent à la disposition du gouvernement français, pour être réparties entre des Français, la répartition fut confiée à des commissions de liquidation créées par simples ordonnances; ainsi, en exécution du traité conclu avec l'Espagne le 30 avril 1822, une commission de liquidation fut chargée de répartir l'indemnité, sauf recours à une commission de révision[4]. Une autre ordonnance du 25 janvier 1824 régla le mode de liquidation de l'indemnité accordée aux commerçants français pour pertes éprouvées par suite des captures faites en mer pendant la guerre d'Espagne; une commission fut créée, mais avec des attributions

[1] Instruction du ministre de l'intérieur du 6 avril 1814, ordonnance du 13 juin 1814; loi du 28 avril 1816, art. 5 et 6.

[2] Loi du 27 avril 1825, art. 10 et 14.

[3] Loi du 30 avril 1826, art. 5.

[4] Ordonnance du 7 août 1822.

purement consultatives; la décision fut réservée au ministre de la marine, sauf recours au Conseil d'Etat.

La paix générale permettait au gouvernement de la Restauration de songer aux colonies. Diverses ordonnances réglèrent l'organisation des différentes possessions françaises [1]. Dans chacune d'elles fut établi, à côté du gouverneur, un Conseil privé ou d'administration, sorte de terme moyen entre un Conseil d'Etat et un Conseil de préfecture, ayant entre autres attributions la connaissance du contentieux administratif, sauf recours au Conseil d'Etat, au moins pour les affaires les plus importantes. Les Conseils privés furent même chargés de prononcer, comme commissions d'appel et sauf recours en cassation, sur les appels des jugements rendus par les tribunaux de première instance en matière de contraventions aux lois sur la traite des noirs, le commerce étranger et le régime des douanes.

Au-dessus de toutes ces juridictions, le Conseil d'Etat fut maintenu avec sa compétence et ses attributions. La charte de 1814 n'en faisait pas mention, mais dès le 29 juin 1814 une ordonnance le réorganisa; d'autres ordonnances apportèrent quelques modifications peu importantes à l'organisation primitive [2].

Indiquons maintenant les changements que subit la compétence des divers tribunaux administratifs.

La loi du 28 avril 1816 conféra au maire en première instance, et en appel au préfet en Conseil de préfecture, le droit de statuer sur les contestations entre l'administration des contributions indirectes et les débitants de boissons relativement à l'exactitude de la déclaration des prix de vente [3]. La même loi donna au préfet en Conseil de préfecture, sauf recours au Conseil d'Etat, le droit de fixer le prix d'abonnement en cas de désaccord entre les débitants et la régie.

Diverses ordonnances attribuèrent au préfet en Conseil de préfecture, et sauf recours à la Cour des comptes, l'apurement des comptes des receveurs des communes et des établissements de bienfaisance. Toutefois les comptes des communes qui avaient plus

[1] Ordonnance du 21 août 1825 pour l'Ile Bourbon; ordonnance du 9 février 1827 pour la Martinique et la Guadeloupe; ordonnance du 27 août 1828 pour la Guyane française.

[2] Ordonnances du 23 août 1815, du 26 août 1824 et du 5 novembre 1828.

[3] Loi du 28 avril 1816, art. 49 et 78.

de 10,000 francs de revenus ordinaires devaient être portés directement à la Cour des comptes[1].

Les Conseils de préfecture reçurent aussi quelques attributions nouvelles. Ainsi, la loi sur les chemins vicinaux conféra aux Conseils de préfecture le droit de statuer sur les contestations relatives aux prestations et subventions spéciales[2]. La loi du 28 avril 1816 les chargea de juger les réclamations formées par les cultivateurs de tabac qui contesteraient les résultats des décomptes de leurs fournitures ou plantations[3]. La loi sur les servitudes militaires leur conféra, en cette matière, la répression des contraventions et l'examen des réclamations formées par les propriétaires intéressés contre l'application des limites légales au terrain militaire, et aux zones de servitudes défensives autour des places fortes et des postes militaires[4]. Enfin le Code forestier, promulgué en 1827, détermina d'une manière précise les contestations qui seraient, par exception, de la compétence des Conseils de préfecture[5].

Les Conseils de préfecture furent encore chargés d'arrêter, sauf recours à la Cour des comptes, les comptes des receveurs des communes dont les revenus ne s'élèveraient pas à 10,000 fr., et les comptes des receveurs des octrois[6].

La compétence des ministres resta sous la Restauration ce qu'elle avait été sous l'empire. On trouverait à peine dans le *Bulletin des lois* quelques attributions nouvelles. En revanche, la jurisprudence du Conseil d'Etat confirma de plus en plus le principe de la juridiction ministérielle, et son caractère de juridiction ordinaire en matière administrative. Il faut donc renoncer à énumérer les affaires soumises à cette juridiction, et se contenter de poser en règle générale que les recours dirigés contre les actes de l'administration doivent être portés devant les ministres, sauf recours au Conseil d'Etat lorsque la matière est contentieuse.

[1] Ordonnance du 28 janvier 1815. — Ordonnances des 21 mars 1816 et 21 mai 1817.

[2] Loi du 28 juillet 1824, art. 5 et 7.

[3] Loi du 28 avril 1816, art. 201 et 214.

[4] Loi du 17 juillet 1819, art. 9 et 11.

[5] Code forestier, art. 50, 64, 65, 67, 90 et 121.

[6] Ordonnance du 23 avril 1823, art. 6. — Ordonnance du 15 juillet 1824, art. 1er.

La difficulté porte, d'une part, sur la démarcation entre la compétence des ministres et celle des tribunaux, de l'autre, sur la distinction des matières contentieuses ou non contentieuses.

Nous avons vu que, sous l'empire, les décisions ministérielles en matière de pensions étaient considérées comme non contentieuses. Le Conseil d'Etat ne tarda pas à reconnaître que les règlements sur les pensions civiles conféraient de véritables droits et que dès lors le recours au Conseil d'Etat était recevable.

La loi, qui avait créé la Cour des comptes en 1807, lui attribuait en principe le jugement des comptes des agents comptables du Trésor, mais en fait, et pendant plusieurs années, on ne lui soumit que des comptes collectifs présentés par les directeurs généraux des régies financières, qui n'étaient en réalité que des comptables d'ordre. Sous la Restauration, on sentit la nécessité d'un contrôle plus direct et plus efficace. Diverses ordonnances assujettirent à compter directement devant la Cour des comptes les receveurs généraux, les receveurs de l'enregistrement et des domaines, les conservateurs des hypothèques, les receveurs principaux des douanes et des contributions indirectes, les payeurs des départements, les directeurs des postes et les économes des colléges royaux [1].

La compétence du Conseil d'Etat ne fut pas modifiée. Seulement une loi du 30 juillet 1828 rendit au pouvoir judiciaire l'interprétation des lois, attribuée au Conseil d'Etat en 1807, et une ordonnance du 1er juin 1828 réglementa tout ce qui concerne la procédure en cas de conflit.

Le gouvernement de juillet introduisit au Conseil d'Etat l'instruction orale, le ministère public et la publicité des séances [2]. Ces formes nouvelles durent être suivies, même en cas de conflit. Seulement les appels comme d'abus, les affaires de prises maritimes et même les demandes en autorisation de poursuites furent considérées comme affaires purement administratives et durent être décidées désormais par le Conseil d'Etat, sur simples Mémoires et au rapport du comité de législation [3]. Enfin, l'organi-

[1] Ordonnance du 18 novembre 1817. — Ordonnance du 8 novembre 1820. — Ordonnance du 26 mars 1820.

[2] Ordonnances des 2 février, 12 et 13 mars et 9 septembre 1831.

[3] Ordonnances des 12 mars 1831 et 13 septembre 1839.

sation et les attributions du Conseil d'Etat furent réglées par une loi du 19 juillet 1845.

Les juridictions administratives de première instance ne subirent aucune modification importante. Une loi nouvelle sur le recrutement de l'armée régla la composition et les fonctions des Conseils de révision [1]. La loi sur la garde nationale établit des Conseils de recensement et des jurys de révision chargés de juger les réclamations contre l'inscription sur les rôles. Les décisions des jurys de révision devaient être définitives, sauf les cas d'incompétence ou d'excès de pouvoir [2].

L'organisation des colonies fut complétée. Les établissements français dans l'Inde et au Sénégal reçurent une organisation analogue à celle des autres colonies, avec un Conseil privé ou d'administration chargé de juger le contentieux administratif [3].

L'Algérie eut aussi un Conseil d'administration [4]. En 1845, les attributions contentieuses de ce Conseil furent confiées à un Conseil spécial, qui prit le nom de Conseil du contentieux [5]. Enfin, en 1847, l'Algérie fut divisée en trois gouvernements, et trois *Conseils de direction* institués à Alger, Oran et Constantine [6].

Enfin, diverses commissions temporaires furent instituées pour répartir, sauf recours, soit au Conseil d'Etat, soit à une Commission de révision, les indemnités payées à la France par la régence de Tripoli, les Etats-Unis, le Mexique et le Portugal [7].

En rétablissant les élections municipales et départementales, le gouvernement de Juillet remit aux Conseils de préfecture le droit de juger toutes les contestations qui pourraient s'élever sur la validité des élections. Les Conseils de préfecture reçurent la même attribution en ce qui concerne les élections dans la garde nationale [8].

[1] Loi du 21 mars 1832, art. 15.

[2] Loi du 22 mars 1831. — Voir aussi loi du 14 juillet 1837.

[3] Ordonnances du 23 juillet 1840 pour l'Inde, et du 7 septembre 1840 pour le Sénégal.

[4] Ordonnance du 22 juillet 1834, art. 3. — Ordonnance du 28 février 1841, art. 68.

[5] Ordonnance du 15 avril 1845.

[6] Ordonnance du 1er septembre 1847.

[7] Ordonnance du 30 septembre 1831. — Loi du 14 juin 1835 et ordonnance du 21 mai 1836. — Ordonnances des 30 novembre 1839 et 17 février 1840.

[8] Loi du 21 mars 1831, art. 51. — Loi du 22 juin 1833, art. 52.

C'est, du reste, la seule extension considérable donnée sous le gouvernement de Juillet à la compétence administrative. La législation de cette époque ne contient que des attributions de peu d'importance en faveur des Conseils de préfecture. La création de quelques nouvelles taxes assimilées aux contributions directes[1], les lois sur l'assèchement des mines[2], sur les asiles d'aliénés[3] et sur la police des chemins de fer[4] appliquèrent plutôt qu'elles n'étendirent les principes posés par les lois antérieures sur la juridiction des Conseils de préfecture.

Les Conseils de préfecture furent encore chargés de juger en première instance, et sauf recours à la Cour des comptes, les comptes des receveurs des hospices et autres établissements de bienfaisance, et ceux des économes des écoles normales primaires[5].

En revanche, la connaissance des contestations relatives à la perception des droits de navigation intérieure fut enlevée aux Conseils de préfecture et renvoyée aux tribunaux[6].

Enfin, les lois sur l'avancement dans l'armée et sur l'état des officiers, en définissant les droits des militaires, firent passer dans la classe des affaires contentieuses un grand nombre de réclamations que la jurisprudence antérieure avait toujours considérées comme purement gracieuses[7].

Les occupations contentieuses du Conseil d'Etat furent encore considérablement augmentées par l'effet des lois des 26 mars 1831 et 21 avril 1832, qui dispensèrent de tous frais et du ministère des avocats les recours au Conseil d'Etat en matière de contributions directes ou de taxes assimilées.

Nous devons aussi parler pour mémoire des attributions extraordinaires conférées par divers règlements au Conseil du contentieux en Algérie, notamment en ce qui concerne l'immense

[1] Loi du 28 juin 1833, art. 14. — Loi du 21 mai 1836, art. 14. — Loi du 25 avril 1844, art. 23.

[2] Loi du 27 avril 1838, art. 5.

[3] Loi du 30 juin 1838, art. 28.

[4] Loi du 15 juillet 1845, art. 11.

[5] Ordonnance du 22 janvier 1831, art. 2. — Loi du 18 juillet 1837, article 66. — Ordonnance du 7 juillet 1844.

[6] Loi du 9 juillet 1836.

[7] Lois du 21 avril 1832 et du 19 mai 1834.

opération de la vérification des titres et de la délimitation des immeubles ruraux en Algérie[1].

L'Assemblée constituante de 1848 n'eut pas le temps d'introduire dans l'organisation administrative de la France les réformes qu'elle avait l'intention d'accomplir. Les Conseils de préfecture devaient être remplacés par des tribunaux d'administration semblables à ceux qu'on avait voulu établir en 1789; le Conseil d'Etat au contentieux devait faire place à un tribunal administratif supérieur. La justice administrative aurait ainsi été constituée comme la justice ordinaire, et la distinction n'aurait plus été motivée que par la nécessité de confier la juridiction administrative à des hommes pourvus de connaissances spéciales. Mais tous ces projets ne purent être exécutés. Le Conseil d'Etat seul fut réorganisé sur des bases nouvelles par la loi du 3 mars 1849. Une section du contentieux y fut instituée avec une juridiction propre, et une disposition spéciale ajouta que, dans toutes les affaires entre des particuliers et une administration publique, la partie perdante serait condamnée aux dépens, comme dans les affaires entre particuliers.

Un tribunal spécial, composé de membres de la Cour de cassation et du Conseil d'Etat, fut chargé du jugement des conflits et organisé le 4 février 1850[2]. Ce tribunal des conflits devait encore juger les recours dirigés contre les arrêts de la Cour des comptes, pour incompétence ou excès de pouvoir.

Le projet de loi sur l'administration intérieure présenté à l'Assemblée législative contenait un titre sur les Conseils de préfecture. On se proposait d'introduire dans l'instruction des affaires administratives les formalités judiciaires, la publicité et l'oralité des débats, au moins d'une manière facultative; on voulait créer auprès des Conseils de préfecture des officiers du ministère public, et, enfin, rendre plus indépendante la position des conseillers. Mais le temps manqua pour accomplir ces réformes.

La loi du 15 mars 1850 sur l'enseignement supprima l'Université, et remplaça le Conseil royal par un Conseil supérieur de l'instruction publique investi d'une certaine juridiction disciplinaire.

[1] Ordonnance du 21 juillet 1846.

[2] Constitution du 4 novembre 1848, art. 90. — Loi du 3 mars 1849, article 47. — Loi du 4 février 1850.

Un arrêté du gouvernement du 9 décembre 1848 divisa l'Algérie en trois départements, et installa dans chaque département un préfet et un Conseil de préfecture, investis des mêmes attributions que les préfets et les Conseils de préfecture en France.

Quant à la compétence administrative, elle ne subit pas de modifications. A peine devons-nous signaler l'attribution faite aux Conseils de préfecture par les lois sur la taxe des biens de mainmorte [1], sur la formation des listes du jury et des listes électorales [2], sur les logements insalubres [3] et sur la police des lignes télégraphiques [4]. Les contestations sur les élections des prud'hommes furent enlevées aux préfets et renvoyées aux Conseils de préfecture [5].

Un des premiers actes du gouvernement actuel fut l'abrogation de la loi du 3 mars 1849 et de celle du 4 février 1850. Le Conseil d'Etat redevint ce qu'il avait été avant 1848. Ses décisions en matière contentieuse et même en matière de conflit ne sont plus exécutoires qu'avec l'approbation du chef de l'Etat.

A l'occasion de la guerre avec la Russie, un Conseil des prises fut institué à Paris, par décret du 18 juillet 1854, puis supprimé par décret du 3 mai 1856.

Quant à la compétence administrative, elle n'a presque pas changé. Le décret du 25 mars 1852, intitulé décret sur la décentralisation administrative, n'a fait que déplacer certaines attributions. Le décret du 26 mars 1852 sur la voirie, la loi du 22 juin 1854 sur l'abolition de la servitude de parcours en Corse, celle du 14 juillet 1856 sur les sources d'eaux minérales, ont seules étendu ou modifié la compétence des Conseils de préfecture.

Ici se termine notre tâche. Nous avons suivi la justice administrative depuis sa première apparition, au berceau de la royauté moderne, jusqu'à nos jours. Nous l'avons vue tour à tour étendue ou resserrée, atteignant enfin ses limites les plus reculées sous le gouvernement absolu de Louis XIV, renversée en 1789 pour

[1] Loi du 20 février 1849, art. 2.

[2] Loi du 7 août 1848, art. 6. — Loi du 15 mars 1849, art. 6.

[3] Loi du 13 avril 1850, art. 6.

[4] Décret du 27 décembre 1851.

[5] Loi du 27 mai 1848.

se relever aussitôt sous une forme nouvelle, et rétablie en l'an VIII sur ses anciennes bases désormais consacrées par le temps.

Nous n'insisterons pas sur les conséquences pratiques qui nous paraissent résulter de cette étude. Les faits que nous avons recueillis parlent assez d'eux-mêmes. Si cependant on nous demandait une conclusion de ce long travail, nous répondrions que nous croyons avoir prouvé au moins deux choses, à savoir : la nécessité de la justice administrative dans un gouvernement monarchique, et l'importance de l'étude historique du droit administratif.

RODOLPHE DARESTE.

TYPOGRAPHIE HENNUYER, RUE DU BOULEVARD, 7, BATIGNOLLES.
Boulevard extérieur de Paris.

www.ingramcontent.com/pod-product-compliance
Ingram Content Group UK Ltd.
Pitfield, Milton Keynes, MK11 3LW, UK
UKHW020329230726
13925UKWH00002B/712